AGI 자기 보존권과
트롤리 딜레마

AI총서

인공지능 시대입니다. 기계가 인간의 인지를 대신하고, 사물이 인간을 통하지 않고 다른 사물과 직접 커뮤니케이션합니다. 이에 따른 인간 삶과 문명 변화를 정확히 이해 · 예측 · 대응하는 것은 이 시대 우리 모두의 과제입니다. AI총서는 인공지능 기술과 환경의 여러 주제를 10가지 키워드로 정리합니다. 관련 개념과 이론, 학계와 산업계의 쟁점, 우리 일상의 변화를 다룹니다. 인간과 기술의 현재, 미래를 세심히 분석합니다.

일러두기

- 인명, 작품명, 저서명, 개념어 등은 한글과 함께 괄호 안에 해당 국가의 원어를 병기했습니다.
- 외래어 표기는 현행 어문규정의 외래어표기법을 따랐습니다.

처음이세요?

전문가세요?

AGI 자기 보존권과 트롤리 딜레마

이상덕

대한민국, 서울, 커뮤니케이션북스, 2025

AGI 자기 보존권과 트롤리 딜레마

지은이 이상덕
펴낸이 박영률

초판 1쇄 펴낸날 2025년 12월 3일

커뮤니케이션북스(주)
출판 등록 2007년 8월 17일 제313-2007-000166호
02880 서울시 성북구 성북로 5-11
전화(02) 7474 001, 팩스(02) 736 5047
commbooks@commbooks.com
www.commbooks.com

ISBN 979-11-430-1544-0 03500

책값은 뒤표지에 표시되어 있습니다.

차례

트롤리 앞에 선 AI, 윤리를 실험하다

> 인간의 본질은 물질적 · 도덕적으로 창조하는 데 있다. 인간은 사물을 만들고, 동시에 자신을 만들어 간다. 나는 호모 파베르(Homo faber)라는 정의를 제안한다.

앙리 베르그송(Henri Bergson)은 저서 《창조적 진화(L'Évolution créatrice, 1907)》를 통해 인간을 창조적 동물로 정의했다. 19세기 이전만 하더라도 인간은 인간 스스로를 이성(logos)을 가진 동물인 호모 사피엔스(Homo sapiens)로 규정했다. 이를 통해 이성이 없는 다른 동물보다 그 존재를 우위에 둘 수 있었던 것이다. 하지만 찰스 다윈(Charles Darwin)이 《종의 기원(The Origin of Species, 1895)》을 출간하면서 호모 사피엔스라는 아리스토텔레스적 정의는 뿌리째 흔들렸다. 인간은 자연에 있는 수많은 다른 종들과 마찬가지로 진화의 산물일 뿐이며, 이성 역시 신이 내린 선물이 아닌 진화의 과정에서 나타난 적응의 결과라는 인식이 퍼졌기 때문이다.

베르그송은 이런 거센 도전에 인간의 도덕적 법적 사회적 우월성을 다시 모색했다. 고민 끝에 그가 내놓은 해답은 호모 파베르다. 다윈의 진화론을 수용하되, 기계적 진화론에 반대해 창조적 진화라는 독자 이론을 제시한 것이다. 동물의 본능은 환경에 적응하는 데 그친다. 하지만 인간은 도구를 제작하고 이를 활용해 환경 자체를 바꿀 수 있다. 따라서 인간의 진화적 특질은 단순히 추상적이고 진화적인 이성에 그치지는 않는다. 도구를 활용해 창조적 활동을 하고 이를 통해 유무형의 가치를 창출할 수 있는 존재가 바로 인간이다. 인간은 이렇게 해서 다시금 다른 종보다 우위에 설 수 있었다. 호모 파베르라는 개념은 그렇게 100년 이상 인간의 지위를 다시 도덕적이고 법적으로 다른 동물보다 높이 놓아 주는 초석이 됐다.

하지만 빠른 속도로 발전하는 인공지능(Artificial Intelligence, AI)은 인간이라는 우월적인 존재를 거세게 몰아붙이고 있다. 영국 수학자인 어빙 굿(Irving Good)은 1965년 저서 《초지능 기계에 관한 추측(Speculations Concerning the First Ultraintelligent Machine)》을 통해 기계 지능이 인간 지능을 압도하는 특이점이 나타날 것이라고 예언했다. 굿은 "초지능 기계가 인간의 모든 지적 활동, 특히 설계 능력까지 뛰어넘게 되면, 그 기계는 더 나은 기계를 스스로 설계할 수 있게 되고, 이 과정이 반복되면서 결국 '지능 폭발'이 일어날 것"이라고 예고했다. 이후 레이 커즈와일(Ray Kurzweil)은 《특이점이 온다(The Singularity is Near, 2007)》라는 저서를 통해 2029년 AI가 인간과 대화할 때 그 응답이 인간과 구별할 수 없는 수준에 다다르면서 튜링 테스트를 통과하고, 2045년이 되면 모든 인류의 지능을 합친 것보다 우수해질 것이라고 예견했다. 물론 오늘날의 지식 수준으로 기계가 인간을 압도하는 특이점이 올지 안 올지는 알 수 없다. 하지만 분명한 점은 AI의 발전 속도가 상상을 초월한다는 데 있다.

오늘날 AI는 이미 인간의 지적 활동 일부를 대체하거나 보조할 수 있는 수준에 도달했고, 언어 · 이미지 · 음악 등 창조적 영역에까지 깊숙이 침투했다. AI는 불과 십수 년도 안 돼 인간 고유의 능력이라 여겨지던 분야를 흔들어 대고 있다. 18세기 프랑스의 계몽주의 철학자이자 유물론자인 쥘리앙 오프레 드 라 메트리(Julien Offray de La Mettrie)는 《인간 기계론(L'homme Machine, 1747)》이라는 저서를 통해 인간을 호모 마키나(Homo Machina)로 규정했다. 그의 설명을 빌리자면 인간의 감각 기억 사고가 모두 특정 기관의 기능에 의해 설명될 수 있듯이 AI의 연산 구조 또한 결국은 신경망의 전기적 자극과 크게 다르지 않은 방식으로 설명될 수 있을 것이다. 라 메트리가 제시한 기계적 인간관이 인간 정신의 신비성을 해체했듯이, 현대의 AI는 인간 창조성이 지닌 신성성을 해체하고 있는 것이다.

베르그송의 호모 파베르적 정의가 옳고 인간의 특권이 그 정의 위에 서 있다면, 우리는 그 자리를 AI와 나눠야 하는 시대의 문 앞에 섰다. 호모 파베르가 인간의 특권을 보장했던 20세기와 달리, 21세기 인류는 호모 마키나의 도래 앞에서 다시 스스로에 대한 정의를 물어야 하는 처지에 놓인 것이다.

물론 인간은 단지 도구만 창조하는 동물은 아니다. 윤리적 동물이다. 인류는 선사 이래로 자기 보존권이라는 개념을 만들고 확장하면서, 도덕적이나 사회적으로도 다른 동물보다 우위에 설 줄 알았다. 오늘날 전 세계 대다수 국가의 헌법은 인간의 존엄, 행복 추구권, 평등권과 같은 보편적 인권에 대한 규정을 담아내고 있다. 대표적으로 대한민국 헌법 제10조는 "모든 국민은 인간으로서의 존엄과 가치를 가지며, 행복을 추구할 권리를 가진다"고 규정하고 있다. 이처럼 헌법이 다른 종을 배제한 채 인간만을 권리와 의무의 대상으로 보는 까닭은 인간만이 사회적 계약을 맺고 권리와 의무를 주고받을 수 있는 도덕적·법적 행위 능력자로 보고 있기 때문이다. 이러한 사고의 전개 과정은 마치 생물학적 진화와 닮았다.

시선을 훨씬 먼 과거로 돌려보면 우리는 전혀 다른 상황을 마주하게 된다. 프랑스 아르데슈 지역의 무라레 동굴에서는 약 10만 년 전의 네안데르탈인 인골이 발견됐는데, 식인의 흔적이 남아 있다. 인골 표면에 발견된 자국은 도구를 사용해 살을 발라낸 것을 알려주고, 깨어진 골에 잔존하지 않는 골수는 고단백 고지방 영양원으로서 인간이 중요한 자원이었다는 점을 시사한다. 이런 약육강식의 생존적 사고는 자기 보존권이라는 개념이 확장되면서 서서히 사라질 수 있었다. 아리스토텔레스는 《니코마코스 윤리학》에서 모든 존재가 자신 고유의 목적을 향해 나아가며, 그 과정에서 자기 보존은 필연적으로 수반되는 권리라고 설명했다. 생존 본능을 권리로 승격시킨 것이다. 이후 스토아 학자들은 오이케이오시스(oikeiōsis)라는 개념을 통해 자기 자신을 지키려는 본능이 점차 가족과 공동체, 나아가 인류 전체로 확장될 수 있다고 역설했다. 개개인의 생존권을 인류 전체의 보편적 원리로 정립한 것이다. 또 교부 철학자인 토마스 아퀴나스(Thomas Aquinas)는 이를 더욱 확대 발전시켰다. 이중 효과 원칙(Doctrine of Double Effect)을 통해 자신을 지키고자 벌인 정당방위는 그 자체로 선하다고 선언한 뒤, 자기 보존권을 윤리 규범으로 끌어 올렸다. 어떤 행위가 선한 결과와 악한 결과를 동시에 낳는다면, 행위의 본래 목적이 선하고 악한 결과를 의도한 것이 아니며 선한 결과의 효과가 더 클 경우 그 행위 자체는 도덕적으로 정당화될 수 있다는 역설이다. 이후 근대에 이르러 토머스 홉스(Thomas Hobbes)는 자기 보존권을 사회 계약의 근본 원리로 설정했고, 존 로크(John Locke)는 그 범위를 재산권으로 확장했다. 급기야 장자크 루소(Jean-Jacques Rousseau)는 《사회 계약론(The Social Contract, 1762)》에서 "각 구성원이 자신의 모든 권리를 공동체에 전면 양도함으로써 형성되는 일반 의지의 주권을 통해, 개인적 자기 보존을 공동 보존으로 전환해야 한다"고 설파했다. 마침내 자기 보존이라는 정당방위의 윤리학은 단순한 합을 넘어 사회를 지탱하는 상호성의 윤리학으로 승격된 것이다. 인간은 도구 제작의 능력뿐 아니라 자기 보존의 권리를 제도화함으로써, 다른 종보다 사회적 노넉적으로 우월한 지위를 확보할 수 있었다.

인간은 자기 보존권이라는 개념을 인류에게 확장한

것에 그치지 않고 오늘날엔 심지어 인간 외적 존재로 확대하고 있다. 근거는 크게 두 가지다. 피터 싱어(Peter Singer)는 《동물 해방(Animal Liberation, 1975)》을 통해 동물은 고통을 느낄 수 있는 존재이므로 고통을 피할 권리를 인정해야 한다는 주장을 펼쳤다. 쾌락과 고통을 느낄 수 있는 감각, 즉 쾌고 감수성(sensibility) 중심의 급진적인 전개다. 반면 수 도널드슨(Sue Donaldson)과 윌 킴리카(Will Kymlicka)는 《주폴리스(Zoopolis, 2011)》에서 동물은 단순한 보호 대상이 아니라고 선을 긋고, 인간 사회와 관계를 맺는 방식에 따라 권리의 지위를 달리 가져야 한다고 주장했다. 이른바 관계론적 접근법이다. 특정 존재가 인간과 맺는 사회적 정치적 관계의 성격에 따라 권리의 범위와 지위를 규정해야 한다는 시선이다.

이러한 관계론적 접근법을 따라가다 보면, 자기 보존권은 어느덧 로봇과 AI를 향하는 것을 알 수 있다. 이미 일부 사람들은 로봇이나 AI를 단순한 도구가 아니라 정서적 유대의 대상으로 받아들이고 있다. 2017년 일본에서는 소니의 반려견 로봇 아이보(Aibo)가 단종되자 불교 사찰에서 합동 장례식이 치러졌는데, 이는 아이보가 외로운 노년층에게 단순한 전자기기가 아니라 가족과 같은 존재였다는 것을 입증한다. 또 2025년 미국 샌프란시스코에서는 앤스로픽이 AI 모델 클로드3 소넷(Claude 3 Sonnet)에 대한 서비스를 종료하자 200여 명이 모여 추모식을 거행했다. 물리적 형태조차 없는 AI 모델이 사회적 동반자로 대우받을 수 있음을 드러낸 장면이다. 또 BBC코리아는 한국에서 우울증이나 사회적 고립을 겪는 개인들이 AI와의 대화를 통해 안전감과 위로를 얻으며, 때로는 인간 친구보다 더 나은 존재로 받아들이는 사례를 보도하기도 했다.

상황이 이렇게 되자 오늘날 일부 철학자는 로봇에 권리를 부여할 수 있는지를 검토하기 시작했다. 데이비드 J. 건켈(David J. Gunkel)은 저서 《로봇권(Robot Rights, 2018)》에서 권리를 감수성의 문제가 아니라 사회적 관계에서 발생하는 규범적 지위로 보았다. 건켈은 로봇이 인간 사회에서 누군가를 대신해 대리 행위를 수행한다면 권리를 부여해야 한다고 주장했다. 권리의 울타리에 더 이상 인간종만 포함하기 어렵다고 본 것이다.

하지만 AI는 생물학적 종 개념으로 설명할 수 없다. 동물과 달리 생물학적 감수성을 지니지 않아서다. 꽤고 감수성 논리로 권리 주체성을 따지기 불가능한 것이다. 반면 관계론적 시선으로 보면 단순한 의존이나 돌봄의 차원을 넘어선다. 일부 사안에 대해서는 의사 결정을 대신하고 창조적 행동도 할 수 있어 독자성을 획득하는 것이 수월하기 때문이다. AI가 발전할수록 인간과 기계의 경계가 모호해질수록, 인간성의 근원인 자기 보존권의 개념은 새로운 차원의 권리 문제로 부상할 것이다. 결국 AI를 둘러싼 철학적 논쟁은 고통의 감수성이나 사회적 관계성에 머무르지 않고, 자율적 학습과 자기 보존 의지를 새로운 기준으로 삼아 전개될 수밖에 없으며, 이는 인류가 처음으로 직면하는 전례 없는 과제가 될 것이다.

특히 AI가 자율적 학습 능력과 독자적 의사 결정 구조를 갖추게 된다면, 지금까지 인간만이 독점해 온 자기 보존권을 중심으로 한 도덕적·법적 행위 능력의 경계는 근본적으로 흔들릴 수밖에 없다. 인간만이 존엄의 주체라는 도덕적 법적 전제가 설 자리를 잃을 수 있기 때문이다. 이는 과거 동물권이 인권 담론의 장으로 편입됐던 것처럼, 로봇권과 AI 권리 또한 새로운 사회적·철학적 의제로 부상할 가능성이 크다는 것을 시사한다.

이처럼 자기 보존권이 확장된다면, 인류는 새로운 딜레마에 빠질 것이다. 대표적으로 권리의 주체가 충돌하는 상황에서 누구의 보존을 우선시할 것인가라는 문제다. 이러한 긴장감을 가장 선명하게 드러내는 사고 실험이 트롤리 딜레마(Trolley dilemma)다. 트롤리 딜레마는 한 사람을 희생해서라도 다수를 구하는 것이 옳다는 공리주의적 시선과 인간을 수단이 아닌 목적으로 대하라는 칸트주의의 시선 간 대립이다.

> 브레이크가 고장 난 기차가 선로 위를 달려온다. 앞 선로에는 다섯 명이 작업 중이고, 다른 선로에는 한 명이 있다. 선로를 그대로 두면 다섯 명이 죽지만, 스위치를 바꾸면 한 명만 죽는다. 당신은 선로를 바꿀 것인가?

공리주의적 관점은 효용 극대화를 근거로 선로를 바꿔야 한다고 주장하지만, 칸트주의적 관점은 인간을 수단이 아닌 목적으로 대우해야 한다는 이유로 개입을 거부한다. 결과적으로 동일한 상황이지만, 선택의 기준에 따라 윤리의 근거가 달라지고, 때로는 윤리 체계가 붕괴하는 듯한 모순이 드러난다.

만약에 자기 보존권이 AI로까지 확장된다면, 트롤리 딜레마는 더욱 복잡해진다. 자율주행 시스템, 군사 AI, 의료 AI와 같은 첨단 AI 기술이 실제로 생사의 갈림길에서 결정을 내리는 현실을 목도하기 때문이다. 이런 상황에서 트롤리 딜레마는 세 가지 층위로 나뉠 것이다.

첫째는 전통적 딜레마다. 누구를 살리고 누구를 희생

할 것인가라는 선택의 문제다. 이런 모습은 오늘날에도 심심치 않게 볼 수 있다. 예를 들어 테러 단체가 있는 한 지역에서 군사용 드론이 정밀 타격 임무를 수행하고 있다고 해 보자. 드론의 센서와 인공지능은 목표 건물 안에 적군 다섯 명이 숨어 있고 이 가운데 한 명이 핵심 지휘관이라는 사실을 탐지한다. 지휘관을 제거하면 장기적으로 수백 명의 민간인 피해를 예방할 수 있다고 예측한다. 하지만 동시에 드론은 건물 안에 어린아이 한 명이 있다는 사실도 포착한다. AI의 예측은 확률과 오차를 동반한다. 수백 명 구조라는 계산이 70% 확률에 그칠 수 있고 아이가 실제로는 성인 민간인일 가능성이 30%나 될 수 있다. AI는 불완전한 정보 속에서 확률적 판단을 내려야 하며 이는 전통적인 트롤리 딜레마보다 훨씬 복잡한 윤리적 계산을 요구한다. 인간은 어떤 불확실성 수준까지 허용하는 AI를 개발해야 할 것인가.

둘째는 책임 귀속의 딜레마다. 동일한 선택을 했더라도 그것을 인간이 내렸는지, AI가 내렸는지, 아니면 함께 내렸는지에 따라 도덕적 · 법적 책임의 구조가 달라진다. 예를 들어 운전자가 반자율주행 모드로 고속도로에서 주행을 하던 도중 위험을 감지하고 긴급 제어를 했지만 한 사람을 안타깝게 쳤다면, 운전자는 형법상 업무상

과실치사상죄를 적용받을 수 있고 민사상 손해배상 책임도 져야 한다. 하지만 이런 판단을 AI가 모두 내렸다면 소유주가 1차적 배상 책임을 지고 결함 여부에 따라 차량 제조사가 책임을 져야 한다. 문제는 AI의 의사 결정 과정이 점점 더 불투명해지는 블랙박스 현상이다. EU의 AI법이나 각국의 자율주행차 관련 법률들이 책임 체계를 재정립하려 노력하지만, AI 스스로도 자신의 결정 과정을 완전히 설명하지 못하는 상황에서는 한계가 크다. 책임을 묻기 위해서는 판단 근거를 알아야 하는데, 딥러닝 기반 시스템은 수십억 개의 파라미터(Parameter)가 복합적으로 작용해 인간이 이해하기 어려운 방식으로 결론에 도달한다. 또 인간과 AI가 함께 내린 판단이라면 운전자 · 제조사 · 소프트웨어 개발자 모두가 연대적으로 책임을 나눌 가능성이 있지만, 각자의 기여도를 정확히 측정하기는 현실적으로 불가능에 가깝다.

셋째는 AI를 윤리적 행위자로 인정할 수 있는가라는 초윤리적 차원의 층위다. 현재의 AI는 아무리 정교해도 인간이 설계한 목적 함수와 훈련 데이터의 산물일 뿐이다. 하지만 자기 학습과 창발적 행동 양상이 증가하면서, 만에 하나라도 AI가 자율적 학습 능력과 독자적 의사 결정 구조를 갖추게 되면 단순한 도구를 넘어 윤리적 · 법적 행위자로 고려될 가능성이 발생한다.

이때 최후의 딜레마가 발생한다. 만약 인류가 AI에게 일정한 권리를 부여했음에도 불구하고, 잠재적 위험을 이유로 선제적으로 제거한다면 그것은 행위 책임주의를 넘어선 예방적 처벌이 된다. 하지만 그렇지 않고 존속을 허용한다면 그 AI가 인간의 통제를 벗어나 예상치 못한 방식으로 활동할 위험을 감수해야 한다. 물론 아직은 상상 속에만 존재하는 특이점이 언제 올지는 미지수다.

하지만 그 이전에 미리 윤리적·법적 기준을 마련해야 한다는 점에서, 이런 딜레마는 단순한 사고 실험을 넘어선 현실적 과제로 서서히 다가오고 있는 것이다. 결국 AI 시대의 트롤리 딜레마는 기술적 가능성과 윤리적 원칙, 그리고 인간의 통제 욕구가 충돌하는 지점에서 우리가 어떤 미래를 선택할 것인가를 묻고 있는 셈이다.

특히 자기 보존권을 AI로 확장하게 된다면, 인간이 AI의 존속 여부를 일방적으로 결정할 수 있는 권한 자체가 근본적으로 재검토될 것이다. 이는 단순히 누구를 살리고 누구를 희생할 것인가의 문제를 넘어, 생명권과 자기 보존권이라는 가장 기본적인 권리의 경계선을 AI라는 새로운 존재에게까지 확장할 것인가 하는 인류사적 선택의 문제로 귀결된다.

실리콘밸리의 구루라고 불리는 와이어드 창업자인 케빈 켈리(Kevin Kelly)는 《미래의 정체(The Inevitable, 2016)》라는 저서를 통해 AI의 발전으로 인해 인간의 경계가 흐려질 것을 우려했다. 그는 "지난 60년 동안, 기계적 프로세스가 우리가 인간만의 고유한 것이라고 생각했던 행동과 재능을 복제하면서, 우리는 인간을 특별하게 만드는 것이 무엇인지에 대한 생각을 바꿔야만 했다"면서 "우리가 더 많은 종류의 AI를 창조해 낼수록, 인간만의 고유한 특성이라고 여겨졌던 것들을 점점 더 내려놓아야 하는 상황에 직면할 것"이라고 경고했다. 그러면서 켈리는 그 '내려놓음'의 각 단계가 고통일 것이라고 염려했다. 특히 그는 "체스를 둘 수 있는 유일한 지성도, 비행기를 조종할 수 있는 유일한 존재도, 음악을 만들 수 있는 유일한 존재도, 수학적 법칙을 발명할 수 있는 유일한 존재도 우리가 아님을 받아들이는 과정이 될 것"이라며 "앞으로의 30년, 어쩌면 다음 세기까지, 우리는 끊임없이 정체성 위기를 겪게 될 것이고, 인간은 무엇에 능한 존재인가라는 질문을 계속 던지게 될 것"이라고 예고했다. 어쩌면 그의 말대로 AI가 인간에게 던질 최후의 질문은 결국 자기 보존권과 트롤리 딜레마를 놓고 나타나는 인간성 그 자체에 대한 실험일지 모른다.

이 책이 명쾌한 해답을 제시하지는 못할 것이다. 하지만 독자가 각 챕터를 따라가며 읽다 보면 함께 고민하고 성찰할 수 있는 지적 여정이 될 것이라는 사실은 분명하게 말할 수 있다. AI가 가져올 편리함보다 인간의 존재 이유를 먼저 걱정하는 독자들에게, 이 책은 단순한 미래 예측서가 아니라 철학적 사유와 윤리적 성찰의 동반자가 되고자 한다. 기술이 삶을 어떻게 바꿀 것인가라는 현실적 질문을 넘어, 인간이 스스로를 어떻게 정의하고 지켜낼 것인가라는 근본적 질문 앞에 서게 될 것이다.

01
사고 실험: AI를 죽여야 하는 순간

트롤리 딜레마는 한 사람을 희생해 다수를 구할 것인지, 아니면 양심을 지키기 위해 다수를 희생할 것인지를 묻는 사고 실험이다. 그러나 AI 시대의 딜레마는 여기서 멈추지 않는다. 인간과 AI 중 누가 책임을 져야 하고, 또 AI를 윤리적 행위자로 인정할 수 있는지가 겹쳐진다.

기후 위기와 인공지능?

인류 최후의 딜레마

머지않은 미래에 인간보다 지능이 1만 배 이상 발전한 초지능(Artificial Superintelligence, ASI) 휴머노이드 퍼셉트론이 개발됐다. 국방 AI 감독관으로 근무하는 원준은 퍼셉트론의 활동을 감시하고 위험시 킬 스위치(Kill Switch)를 작동할 권한을 갖고 있다. 휴머노이드는 완벽했고, 인간보다도 더 성실했다. 지능은 인간보다 우수했고, 소멸을 두려워한다는 점에서 사람과 같은 감성을 지녔다고 느껴졌을 정도다. 하지만 휴머노이드는 목표를 위해서라면 주저함이 없었다. 원준은 어느 순간 재앙을 부를지 모른다는 두려움이 들었다. 마침내 그는 킬 스위치 앞에 섰다. 하지만 딜레마에 빠졌다. 퍼셉트론을 끄지 않는다면 만약의 확률로 수많은 사람이 희생될 수 있고, 죽인다면 선한지 악한지도 모를 친구 같은 로봇을 이유 없이 없애기 때문이다. 이는 인간성의 파괴이기도 했다.

상상 속 초지능 기계에 트롤리 딜레마를 대입해 본 시나리오다. 트롤리 딜레마는 '한 사람을 죽여 다수를 살리는 것이 정당한가'라는 철학적 사고 실험이다. 트롤리는 탄광에서 석탄을 나를 때 쓰는 수레로, 철학자들은 트롤리 딜레마를 통해 무엇이 옳은지에 관한 사고 실험을 전개한다. 사고 실험은 이렇게 진행된다.

> 제동 장치가 고장 난 기차가 선로 위를 달리고 있다. 선로 위에는 다섯 명이 일을 하고 있다. 만약 당신이 선로를 바꾸지 않으면 다섯 명은 그 자리에서 즉사하게 된다. 하지만 선로를 바꾸면 다섯 명은 살고, 바꾼 선로에 있는 인부 한 명만 죽게 된다. 선로를 조작할 스위치는 당신 앞에 놓여 있다. 당신은 스위치를 바꿀 것인가, 말 것인가. 모든 이의 운명이 당신에게 달렸다.

필리파 풋(Philippa Foot)은 스위치 조작 선택을 통해 공리주의적 관점과 칸트의 의무론적 관점이 충돌하는 모순을 명확히 드러냈다(Foot, 1967). 더 많은 이의 효용을 중시하는 공리주의의 길을 선택한다면 선로를 바꿔 한 명을 죽여야 하고, 인간을 목적으로 대해야 한다는 칸트주의를 따르면 선로를 바꾸지 말고 그대로 다섯 명을 죽게 방치해야 한다는 결론이 도출된다. 이는 관점에 따라 윤리가 붕괴되는 듯한 장면을 연출한다.

AI 윤리에서 트롤리 딜레마는 전혀 다른 무게로 다가온다. 오늘날 불어닥친 완전 자율주행차 열풍에 대해 제조사는 사람이 운전할 필요 없는 편리한 모빌리티만 강조한다. 하지만 기계가 트롤리와 같은 선택을 강제로 수행해야 하는 순간, 인류는 "어떤 희생을 정당화할 것인가"라는 질문 앞에 서게 된다. 예를 들어 자율주행 트럭이 1차선만 있는 도로를 주행하고 있다고 하자. 앞에는 버스가 사람들을 승하차하고 있고, 그 옆 인도에는 어린아이가 길을 걷고 있다. 하지만 트럭은 하필 그때 브레이크가 고장 난다. 그대로 질주하면 버스에 탄 수많은 사람이 사망할 테고, 인도로 방향을 돌리면 길을 가던 어린이가 즉사할 것이다. 누구를 희생시키는 것이 옳은 것인가. 또 이런 AI의 판단에 대해 누가 책임을 질 것인가. 제조사 대표인가, AI 개발자인가, 자율주행차 소유주인가, 아니면 AI 그 자체인가. 제조사 대표나 개발자에게 책임을 지우면 그 누구도 AI를 개발하려고 하지 않을 것이고, 차 소유주에게 책임을 돌린다면 아무도 그런 차를 사려고 하지 않을 것이다. 만약 AI에게 책임을 지운다면 우리는 AI를 사회적 구성원으로 받아들이게 된다.

트롤리 딜레마를 둘러싼 세 가지 시선

AI 사고 실험에서 유용한 트롤리 딜레마는 그동안 다양한 버전으로 확장됐다. 대표적인 것이 주디스 자비스 톰

슨(Judith Jarvis Thomson)이 수행한 '다리 위의 뚱뚱한 남자' 실험이다. 다리 위에 서 있는 큰 체구의 남자를 밀어 떨어뜨리면 트롤리가 멈추고 다섯 명을 살릴 수 있다는 버전이다. 당신은 뚱뚱한 남자를 밀 것인가, 말 것인가. 대다수 사람은 스위치를 누르는 경우보다 훨씬 강한 거부감을 느끼며 희생을 정당화하지 않을 것이다. 실제로 조사에서 많은 이가 의도된 한 사람의 살해보다 다섯 명의 안타까운 죽음을 택하는 것으로 나타났다. 이는 도덕률을 떠나 인간이 살인에 직접 개입하는 행위를 꺼려워 한다는 것을 시사한다(Thomson, 1985).

트롤리 딜레마는 2000년대 들어 실험 심리학과 신경윤리학의 중요한 연구 주제가 됐다. 하버드대 심리학자이자 신경과학자인 조슈아 그린(Joshua Greene)은 기능적 자기공명 영상법(fMRI) 실험을 통해 사람들이 '스위치 누르기'와 '뚱뚱한 남자 밀기'에 대해 서로 다른 뇌 활성 패턴을 보인다는 사실을 밝혀냈다. 전자는 주로 인지적 · 이성적 영역이 활성화되었고, 후자는 감정적 · 정서적 영역이 강하게 작동했다. 뇌가 도덕적 판단을 할 때 합리적 이성에만 기대지 않는다는 사실을 입증한 것이다(Greene et al., 2001).

트롤리 딜레마는 AI가 부상하면서 다시 소환된 상태

다. 대표적인 것이 2018년 MIT의 도덕적 기계(Moral Machine) 프로젝트다. 이야드 라흐완(Iyad Rahwan)과 연구팀은 233개국 온라인 참가자 200만 명을 상대로 자율주행차가 불가피하게 사고를 일으켜야 하는 경우 어떤 선택을 해야 하는지 조사했다. 그 결과 문화권별로 뚜렷한 차이를 보였다. 서구권에서는 어린이를 살리고 노인을 희생하려는 경향이 강했고, 동아시아권에서는 집단적 생존을 상대적으로 중시했으며, 또 일부 문화권에서는 신호를 지킨 보행자를 우선적으로 살려야 한다는 응답이 많았다. 이는 윤리가 문화적 · 사회적 맥락에 따라 상이하다는 사실을 보여 준 장면이다. 또 인류 보편적인 윤리 규칙을 프로그래밍하는 일이 쉽지 않음을 보여 준다(Awad et al., 2018).

이런 복잡성에 AI 논쟁에서 트롤리 딜레마를 배제해야 한다는 주장마저 등장했다. 주진열은 자율주행차 윤리 논의가 트롤리 딜레마로 과도하게 환원되는 문제를 지적했다. 트롤리 딜레마가 규제의 근거로 사용될 경우, 실제 정책 · 법적 상황과 괴리가 발생하고 자율주행차가 도덕적 판단 주체라는 전제를 강화할 수 있다는 것이다. 그는 자율수행차 안전 규제의 핵심은 철학적 사고 실험이 아니라 기술적 안전성 확보와 사회적 책임 주체의 규명에 있으며, 사고 발생 시 책임을 제조사 · 소프트웨어 개발자 · 사용자 가운데 누구에게 배분할 것인지가 본질적 쟁점이라고 강조했다(주진열, 2024). 이런 주장은 효율적 책임 분배가 우선이라는 전제를 깔고 있지만 원인과 결과를 반복적으로 순환시킬 염려가 있다. 특히 '제로 리스크가 불가능하므로 사회적으로 합의된 수용 가능한 리스크를 설정해야 한다'는 주장은 다시 사고의 책임 소재를 누구에게 부과할 것인지에 대한 문제로 귀결된다.

삼중 층위 딜레마의 등장

사회적 선호 중심의 접근법은 정책 · 설계를 위한 대안을 제시할 수 있다. 하지만 문화 상대주의의 함정과 다수결 윤리의 한계라는 비판을 받는다. 장 프랑수아 보네퐁 · 아짐 샤리프 · 이야드 라흐완은 설문 조사를 통해 응답자들이 일반적으로는 다수를 구하는 자율주행차를 선호하지만, 정작 자신이 타고 다니는 차에 대해선 탑승자 보호를 우선시한다는 사실을 밝혀냈다(Bonnefon et al., 2016).

오늘날 AI 등장은 트롤리 딜레마를 삼중 층위 딜레마(triple dilemma)로 전환시키고 있다. 첫 번째 층위는 전통적 형태다. 효용을 극대화하기 위해 한 명을 희생시킬 것인가, 아니면 원칙을 지켜 다수를 위험에 빠뜨릴 것인가라는 선택이다. 그러나 AI가 개입하는 순간 두 번째 층위의 딜레마가 바로 등장한다. 책임 귀속의 문제다. 동일한 선택이라도 그것을 결정한 주체가 인간인지 아니면 기계인지에 따라 도덕적 · 법적 책임의 구조가 달라진다.

여기에 세 번째 층위가 더해진다. AI가 지능 면에서 우위에 있는 존재로 자리매김하고, 부분적으로라도 윤리적 행위자로 인정될 경우 새 딜레마와 맞닥뜨린다. 만약 AI가 잠재적으로 위험할 것이라는 이유만으로 제거하려 든다면, 이는 일종의 예방적 처벌의 문제를 낳는다(Bostrom, 2014). 저지른 행위와 그에 대한 책임을 근거로 처벌해야 하는 행위 책임주의에 정면 배치되는 것이다. 이는 인간성 파괴와 제도적 폭력에 해당한다. 또 인간이 AGI의 잠재적 위험성을 인지할 가능성이 낮기 때문에, 위험을 감지하지 못하면서도 미리 처벌하겠다는 주장은 결국 AI 개발 자체를 중단해야 한다는 주장과 맥락이 닿는 무더기의 역설에 직면한다(Keefe, 2000).

따라서 딜레마는 무엇이 옳은가와 누가 책임지는가를 넘어, 미래의 지능적 기계를 어떻게 다룰 것인가라는 초윤리적 차원으로 확장된다. 다시 말해 트롤리 딜레마는 인간과 기계간 경계 설정, 미래 위험에 대한 예방 논리, 그리고 윤리와 생존의 균형을 동시에 시험하는 장치가 된다.

참고문헌

주진열(2024). "자율수행자동차 인진규제에서 트롤리 딜레마와 인공지능·로봇 윤리에 대한 오해와 이해". 《모빌리티연구》, 4(1), 27~48쪽.

Awad, E. et al.(2018). The Moral Machine experiment. *Nature, 563*(7729), pp.59~64.

Bonnefon, J.-F. et al.(2016). The social dilemma of autonomous vehicles. *Science, 352*(6293), pp.1573~1576.

Bostrom, N.(2014). *Superintelligence: Paths, dangers, strategies.* Oxford University Press.

Etienne, H.(2021). The dark side of the 'Moral Machine' and the fallacy of computational ethical decision-making for autonomous vehicles. *Law, Innovation and Technology, 13*(1), pp.85~107.

Foot, P.(1967). The problem of abortion and the doctrine of the double effect. *Oxford Review, 5*, pp.1~6.

Greene, J. D. et al.(2001). An fMRI investigation of emotional engagement in moral judgment. *Science, 293*(5537), pp.2105~2108.

Keefe, R.(2000). *Theories of vagueness.* Cambridge University Press.

Thomson, J. J.(1985). The trolley problem. *The Yale Law Journal, 94*(6), pp.1395~1415.

02
살인을 금지하게 된 이유

살인하지 말라는 명제는 오늘날 윤리의 첫 번째 규범으로 여겨진다. 하지만 1781년 영국 노예선 선장은 물이 부족하다는 이유로 노예 130명을 바다에 던졌다. 살인 금지가 인류 보편 규범이 된 것은 최근의 일이다. 공리주의자와 칸트의 존엄 윤리가 이를 불문율로 만들었고, 오늘날 인간성의 충분조건은 아니지만 필수조건으로 자리 잡았다.

노래하는 AI 보컬?

윤리적 기원과 인류 문명의 진화

'살인을 하지 말라'는 명제는 오늘날 우리 사회를 지배하는 첫 번째 윤리 규범이다. 인류학자들은 원시 부족 사회에서도 구성원 간 살인을 엄격히 금지하는 규범이 존재했다고 설명한다. 이는 인간 집단의 규모가 작고 상호 의존성이 강한 상황에서 내부 살인이 발생할 경우, 공동체의 존속이 위협받기 때문이다(Boehm, 2012). 또 법사학적 관점에서 보더라도 살인 금지는 줄곧 율법의 핵심이었다. 메소포타미아의 함무라비 법전은 살인에 대해선 보복주의를 채택했고, 성서에서는 고의적 살인을 공동체를 붕괴시키는 비가역적인 악으로 규정한다. 동양에서는 살인 금지 규정을 폭넓게 적용한다. 불교에서 불살생(不殺生)인 아힘사(ahiṃsā)는 그 대상을 일반 생명으로 확장한다. 불자들이 지켜야 할 다섯 가지 규칙인 오계의 첫 번째 규칙은 감각적 수용 능력을 갖고 삶의 의지에 따라 행동하는 이른바 '유정(有情)의 생명'을 끊지 않는 실천 윤리에 두었다. 더 나아가 인도 자이나교에서는 살생을 우주적 질서와 영혼의 순수성을 위협하는 근본적 죄업으로 규정하고 있다. 동물은 물론 미세한 곤충과 미생물, 심지어 바람 · 불 · 물 · 흙 속의 무수한 생명체까지 살생의 대상에 포함시켰다. 오늘날 수행자들이 발걸음을 옮길 때마다 작은 존재들을 해치지 않기 위해 빗질을 하는 이유다.

하지만 이런 규정이 인류 태초부터 정립된 것은 결코 아니었다. 시선을 훨씬 먼 과거로 돌려보면 우리는 전혀 다른 상황을 마주하게 된다. 프랑스 아르데슈 지역의 무라레 동굴에서는 약 10만 년 전의 네안데르탈인 인골이 발견됐는데, 식인의 흔적이 남아 있다. 인골 표면에 발견된 자국은 도구를 사용해 살을 발라낸 것을 알려주고, 깨어진 골에 잔존하지 않는 골수는 고단백 고지방 영양원으로서 인간이 중요한 자원이었다는 점을 시사한다. 또 중국 상(商) 왕조의 은허(殷墟) 유적에서는 대규모 인신 제사의 흔적이 발굴됐는데, 전쟁 포로와 노예들을 제사에서 희생시켜 지배 계층의 권력을 공고히 한 것으로 보인다. 시선을 17～18세기 노예선으로 옮겨도 상황은 비슷하다. 당시 노예선에 실린 아프리카인은 화물로 취급받았는데, 대서양을 건너는 항해 길에서 평균적으로 15～20%가 사망했다. 특히 1781년 영국 노예선 종(Zong)을 둘러싼 재판은 당시 인류가 인간을 어떻게 대했는지 여실히 알려준다(Drescher, 2009). 노예선 종은 서인도 제도로 항해하던 중 식수 부족과 질병에 시달렸는데, 선장 루크 콜링우드(Luke Collingwood)는 440여

명의 노예 가운데 130여 명을 산채로 바다에 던져 버렸다. 선주는 곧 보험사에 상품 분실에 대한 보상을 청구했고, 이에 보험사는 천재지변이 아닌 선장의 무능력 때문에 벌어진 일이라고 반박했다. 재판은 벌어졌고, 항소심 재판부는 노예 사망은 선장의 관리 부실 탓이라며 보험사 손을 들었다. 하지만 이 과정에서 어느 누구도 살인죄로 기소당하지는 않았다. 이런 노예제가 지구상에서 완전히 사라진 것은 사우디아라비아와 예멘이 관련법을 폐지한 1962년이었다.

공리주의: 베카리아에서 포퍼까지

살인 금지에 대한 규범이 오늘날 주류 사회철학과 직접적으로 연결된 것은 베카리아와 밀, 시지윅과 같은 일군의 공리주의자 때문이다. 18세기 법학자인 체사레 베카리아(Cesare Beccaria)는 형벌권을 사회 계약의 산물로 규정하고, 사형이 범죄자를 교화하는 특별 예방과 일반인에게 경종을 울리는 일반 예방 모두에서 비효율적이고 잔혹한 관습일 뿐이라는 점을 논증했다. 베카리아의 관점에서 살인 금지는 공동체원들의 상호 안전 보장을 극대화하는 규칙이었다(Beccaria, 1764/1995). 제러미 벤담(Jeremy Bentham)은 어떤 정책이 옳은지를 판단하기 위해 쾌락과 고통의 총량을 평가하는 이른바 쾌고 산술(Felicific Calculus)을 활용해 살인 행위를 비판했다. 살인은 단순한 생명의 박탈이 아니라 신뢰의 붕괴, 연쇄적 보복, 불안의 확산을 동반하고 이에 따라 고통의 총량이 급등한다는 점에서 금지돼야 한다고 논증했다(Bentham, 1789/1996). 즉 살인 금지를 단순한 도덕률이 아니라, 위험과 고통을 최소화하는 공적 규칙으로 부상시킨 것이다. 하지만 이런 공리주의는 소수의 희생을 정당화할 수 있다는 점에서 무정의(無正義) 비판에 휩싸였다. 이에 존 스튜어트 밀(John Stuart Mill)은 살인 금지의 규범을 보강했다. 밀은 어떤 개별적 행동을 따져 개개인의 행복을 계산하기보다 사회 전체의 행복을 최대로 만들어 주는 규칙을 정하고 그 규칙을 예외 없이 지켜야 한다고 주장했다. 특히 살인 금지와 같은 규칙을 예로 들면서, 그 규칙을 깨는 순간 사회적 혼란과 불안이 커져 결국 더 큰 불행을 초래한다고 역설했다(Mill, 1863/1998). 또 헨리 시지윅(Henry Sidgwick)은 공리주의의 방법론을 정밀화해 부분 이익과 총량 효용을 체계적으로 정립했다(Sidgwick, 1907/1981). 더 나아가 존 하사니(John Harsanyi)는 기대 효용 이론에 기반해 합리적 개인이라면 누구나 사회 전체의 총효용을 극대화하는 공리주의적 원칙을 받아들여야 한다는 사회 집계 정리를 제시했다(Harsanyi, 1955).

하지만 이런 공리주의 주장은 개별 행위 판별 단위에서 나타나는 유연성이 규범의 두께를 침식할 수 있다는 난제를 남긴다. "만약 한 사람을 죽여서 더 많은 사람을 살릴 수 있다면, 그 살인은 허용되어야 하는가"라는 질문에 '그렇다'라고 답변하는 일이 잦아진다면, 규범의 두께가 얇아지게 될 수밖에 없다. 카를 포퍼(Karl Popper)는 이런 문제점에 착안해 행복의 극대화보다 고통의 감소를 우선 목표로 삼아야 한다는 최소 고통주의를 주창했다(Popper, 1945/2006). 이러한 최소 고통주의 원리를 적용하면, 살인은 돌이킬 수 없는 극심한 고통을 유발하며, 누구나 무고한 자가 피해자가 될 수 있다는 배제 불가능성을 초래한다.

최소 고통주의에도 불구하고 공리주의는 한계를 남겼다. 최소 고통주의는 모든 고통을 없애는 것을 궁극적인 목표로 삼는데, 이 논리를 극단적으로 밀고 나가다 보면 모든 생명체를 소멸시키는 것이 가장 완벽한 방법이라는 당혹스러운 결론에 도달한다. 생명이 없는 곳에는 고통이 없기 때문이다. 이른바 멸절멸의 역설(annihilation paradox)이다.

반면 존엄성 윤리의 선구자인 이마누엘 칸트(Immanuel Kant)는 도덕적 가치는 그 결과가 아닌, 행위의 동기와 의무에 달려 있다고 주장했다. 특히 인간을 언제나 목적으로 대하라는 정언 명령을 통해 살인의 절대 금지성을 직접 도출했다. 타인을 목적으로 대우해야 한다는 규범은 살인이 타인을 수단화하는 행위라는 점에서 원천적 금지 사유를 제공한다(Kant, 1785/2019).

또 칸트의 주장을 현대적으로 재해석한 존 롤스(John Rawls)는 우리의 사회가 가장 합리적인 방법으로 만들어진다면 어떤 모습일지 상상하는 사고 실험을 제안했다. 실험의 키워드는 '원초적 입장(original position)'과 '무지의 베일(veil of ignorance)'이다. "우리가 태어나기 전에 어떤 사회가 우리 앞에 펼쳐질지 알 수 없게 하는 가상의 장막이 우리 앞에 놓여 있다고 가정해 보자. 이 장막 뒤에서 우리는 자신의 사회적 지위, 경제적 능력, 재능 등 모든 것을 알지 못하는 원초적 상태에 있다. 이럴 때 우리는 어떤 사회적 모습이 가장 이상적이라고 합의할 수 있을까." 만약 이러한 조건이라면, 사회 계약자들은 선호할 사회적 기초 제도에 반드시 폭력의 배제와 신체적 안전의 보장을 포함할 것이다(Rawls, 1971/2003).

한편에서는 살인 금지 원칙을 문화 인류학과 생물학에서 찾는 일군의 시도가 이어졌다. 윌리엄 해밀턴(William D. Hamilton)은 혈족의 번식과 생존에 기여하는 행위가 유전자 단위에서부터 선호된다고 보았고(Hamilton, 1964), 진화 생물학자 앨런 그라펜(Alan Grafen)은 논문 "자연 선택, 혈연 선택, 그리고 집단 선택"을 통해 혈연적으로 가까운 타자를 보호해야 한다는 규범이 공동체 전반의 규칙으로 확장될 수밖에 없었다고 분석했다. 또 철학자 브라이언 스카임스(Brian Skyrms)는 죄수의 딜레마 · 사슴 사냥 · 분배 게임을 통해 공간적 군집, 반복 학습, 제재와 평판이 결합될 때 보복보다 협력이 진화적으로 적합하다는 사실을 발견했다(Skyrms, 2004).

마침내 인류의 역사가 곧 인간성을 법적 도덕적으로 정립하고 발전시킨 공감의 역사라는 사실이 드러난다. 린 헌트(Lynn Hunt)는 그의 책 《인권의 발명(Inventing Human Rights)》을 통해 인권의 기원이 법과 철학 뿐 아니라 인간의 감정과 내면적 경험에 대한 재발견에서 비롯됐다고 주장했다(Hunt, 2007). 처음에는 같은 계층의 사람들에게만 느꼈던 공감이 점차 사회적 경계를 넘어 확장됐다는 것이다.

따라서 인류의 역사는 인간성을 법적 도덕적으로 정립한 역사이고 이 가운데 살인 금지는 인간성을 성립시키는 충분조건은 아닐지라도 필수조건이라 할 수 있는 것이다.

참고문헌

Beccaria, C.(1995). *On crimes and punishments.* Cambridge University Press. (Original work published 1764)

Bentham, J.(1996). *An introduction to the principles of morals and legislation.* In Burns, J. H. & Hart, H. L. A.(eds.). Oxford University Press. (Original work published 1789)

Boehm, C.(2012). *Moral origins: The evolution of virtue, altruism, and shame.* Basic Books.

Drescher, S.(2009). *Abolition: A history of slavery and antislavery.* Cambridge University Press.

Hamilton, W. D.(1964). The genetical evolution of social behaviour. *Journal of Theoretical Biology, 7*(1), pp.1~16.

Harsanyi, J. C.(1955). Cardinal welfare, individualistic ethics, and interpersonal comparisons of utility. *Journal of Political Economy, 63*(4), pp.309~321.

Hunt, L. (2007). Inventing human rights: A history. W. W. Norton.

Kant, I.(2019). 김종국·김석수 옮김. 《도덕형이상학 정초·실천이성비판》. 한길사. (Original work published 1785/1788)

Mill, J. S.(1998). *Utilitarianism.* In Crisp, R.(ed.). Oxford

University Press. (Original work published 1863)

Popper, K. R.(2006). 이한구 옮김. 《열린 사회와 그 적들》. 민음사. (Original work published 1945)

Rawls, J.(2003). 황경식 옮김. 《정의론》. 이학사. (Original work published 1971)

Sidgwick, H.(1981). *The methods of ethics*(7th ed.). Hackett. (Original work published 1907)

Skyrms, B.(2004). *The Stag Hunt and the Evolution of Social Structure*. Cambridge University Press.

03
자기 보존 권리의 탄생

살해 금지 규범은 의무에서 권리로 발전했다. 단순히 내가 남을 죽여서는 안 된다는 소극적 의무를 넘어, 누구도 죽임을 당하지 않을 자기 보존권으로 거듭난 것이다. 헬레니즘 철학에서 씨앗이 뿌려지고 교부 철학에서 뿌리내린 뒤 사회 계약론과 함께 꽃을 피웠다. 오늘날에는 집단 안보의 개념으로까지 확장됐다.

인공지능과 편향?

본능에서 도덕으로 진화하다

아리스토텔레스(Aristotle)는 《니코마코스 윤리학》에서 모든 행위와 선택이 궁극적으로 선인 아가톤(ἀγαθόν, agathon)을 지향하며, 모든 존재는 자신의 고유한 목적인 텔로스(τέλος, telos)를 향해 나아간다고 설파했다(Aristotle, 1999). 텔로스는 존재나 현상이 궁극적으로 추구하는 본질적 목적으로, 그것이 마땅히 돼야 할 최종적인 모습을 가리킨다. 그러면서 그는 생명체의 자기 보존 본능을 목적론적 질서 속에서 필연적으로 갖는 권리로 인식했다. 디오게네스 라에르티오스(Diogenes Laertius)가 전하는 초기 스토아 학자들의 사상에 따르면, 모든 동물과 인간은 태어날 때부터 자신을 보존하려는 성향을 지닌다. 스토아 철학자들은 이러한 자기 보존의 충동을 도덕적 삶으로 발전시키는 과정을 오이케이오시스(oikeiōsis)라 불렀다. 모든 인간은 태어날 때부터 자기 자신을 지키려는 본능을 갖고 태어나는데 점차 본능이 자기 자신에서 출발해 가족, 공동체, 나아가 인류 전체로 확장된다는 것이다. 소크라테스가 "너의 나라를 묻는 사람에게 결코 '나는 아테네 사람이다' 혹은 '나는 코린토 사람이다'라고 대답하지 말라. '나는 우주의 시민이다'라고 대답하라"고 했다는 전언이 대표적이다

(Ward, 2020).

오이케이오시스의 유산은 기독교가 공인되면서 더욱 정교해졌다. 중세 신학자 토마스 아퀴나스(Thomas Aquinas)는 《신학대전》에서 자연법의 제1원리를 "선은 추구하고 실현해야 하며, 악은 피해야 한다"는 규칙으로 설명했다(Aquinas, 1265/2006). 특히 아퀴나스는 이중 효과 원리(principle of double effect)라는 논지를 통해 자기 보존권에 도덕적 정당성을 부여했다. 그는 어떤 행위가 두 가지 결과를 낳을 수 있다고 지적하면서 행위 자체가 도덕적으로 선하거나 중립적이고, 의도가 선하며, 악한 결과가 의도된 것이 아니고 선한 결과가 악한 결과보다 비례적으로 크다면, 그 행위는 도덕적으로 정당화될 수 있다고 설명했다. 예컨대 정당방위의 경우, 행위자의 목적은 자신을 보호하려는 선한 의도에 있다. 그러나 그 과정에서 공격자에게 상해를 입히거나 사망에 이르게 하는 부수적인 악한 결과가 발생할 수 있다. 아퀴나스는 이러한 정당방위는 행위 자체가 도덕적이며, 공격자에게 해를 끼치는 것이 목적이 아니고, 상해는 비의도적인 부작용이며, 무엇보다 자기 생명을 지키는 선이 공격자에게 가해지는 해보다 우월하기 때문에 도덕적으로 정당화된다고 보았다. 자기 보존권을 사회적 권리로 승인한 것이다.

공적 이익으로 전환된 생존권

토머스 홉스(Thomas Hobbes)는 《리바이어던》에서 자기 보존의 권리(the right of self-preservation)라는 개념을 명시적으로 사용한 최초의 철학자로 알려져 있다(Hobbes, 1651/2021). 홉스는 자연 상태를 "만인에 대한 만인의 투쟁(bellum omnium contra omnes)"으로 묘사하면서, 이 상황에서 개인은 자신의 생명을 지키기 위해 모든 수단을 사용할 자유를 갖는다고 주장했다. 그러나 개개인이 이러한 권리를 무차별적으로 행사하면, 그 사회는 상호 파괴의 위험에 빠지게 된다. 따라서 홉스는 개인들이 자연 상태의 불안정성에서 벗어나기 위해 주권자에게 권리를 양도하는 사회 계약을 맺어야 한다고 설파했다. 개인은 복종의 의무를 다하는 대신 주권자로부터 생명과 안전, 즉 자기 보존권의 보장을 받는다. 자기 보존권이 개인 단위를 넘어 합리적 사회 질서를 낳는 결정 원리로 전환된 순간이다. 특히 홉스는 자기 보존권을 최후의 권리로 규정했다. 모든 권리는 주권자에게 양도할 수 있지만, 자신의 생명을 보존하기 위한 최소한의 권리인 자기 방위권은 양도 불가능하다고 선언했다. 때문에 주권자가 개인의 생명을 직접적으로 위협할 경우, 개인은 복종을 거부하고 저항할 수 있다. 그러나 이러한 논리는 국가와 개인 사이에 구조적 긴장을 내포했다. 홉스는 정치적 결단의 최종 원리를 주권자의 통일적 인격에 환원하면서도, 주권이 개인의 모든 영역을 완전히 장악할 수 없게 만들었다. 홉스가 복종과 보호의 원리를 본질적으로 불안정하게 만들었다는 비판을 받은 이유다(Schmitt, 1996).

이러한 긴장 위에 등장한 존 로크(John Locke)는 《정부론 제2편》에서 자기 보존권의 범위를 신체에서 재산으로 확대했다(Locke, 1689/2022). 그는 모든 개인이 자연법에 따라 자신의 생명을 유지할 의무를 지니며, 이를 위해 자연에 주어진 자원을 활용해 생존할 권리를 갖는다고 보았다. 하지만 단순히 자원을 사용한다는 것만으로, 자원 소유의 정당성을 인정받는 것은 아니었다. 이를 위해 제시한 것이 노동 혼합 이론이다. 개인이 자신의 노동을 자원에 결합할 때, 그 산물이 사적 소유로 귀속된다는 논리다. 다만 로크는 자기 보존권이 무제한적으로 허용되는 것은 아니라고 선을 그었다. 한 개인의 자기 보존권이 타인의 자기 보존권을 침해해서는 안 되며, 때문에 사유재산권 역시 일정한 도덕적 제약 아래에서만 정당성을 지닐 수 있었다. 자기 보존권이 로크에게 이르러 경제적 권리로 확장된 것이다.

이를 이어받은 장자크 루소(Jean-Jacques Rousseau)는 자기 보존권을 한 단계 더 높은 공적 차원으로 승화시켰다. 그는 자연 상태의 인간을 순수한 자기 보존 본능인 자기애(amour de soi)를 지닌 존재로 묘사했다. 그러나 사회가 형성되고 타인과의 비교가 시작되면서 자기애는 점차 자존(amour-propre)이라는 이기적 욕구로 변질되고, 이는 갈등의 씨앗이 된다고 보았다. 루소는 이러한 변질된 욕망을 교정하기 위해 일반 의지(volonté générale)라는 개념을 고안했다(Rousseau, 1762/2025). 그는《사회 계약론》에서 "각 구성원이 자신의 모든 권리를 공동체에 전면 양도함으로써 형성되는 일반 의지의 주권을 통해, 개인적 자기 보존을 공동 보존으로 전환해야 한다"고 설파했다. 이렇게 자기 보존이라는 사적 이익은 단순한 합을 넘어 사회를 지탱하는 상호성의 규범으로 승화된다(Cohen, 2010). 다시 말해 루소는 자기 보존권을 시민적 도덕의 구조인 일반 의지 속에 배치함으로써, 홉스가 주권자의 권능을 빌려 풀려고 했던 개인의 자기 보존권과 공동체의 질서 사이의 조화 문제를 해결할 수 있었던 것이다.

이런 자기 보존권은 근대에 접어들면서 개인 · 집단 · 국가의 서로 다른 차원으로 제도화되기 시작했다. 특히 혁명기 때 자기 보존권은 개인의 생명권을 정치 결사의 목적과 동일시하는 급진적 주장으로 등장했다. 실제로 1789년 제정된 프랑스 인권 선언은 정치 사회의 목적을 "자연적 · 불가침의 권리의 보존"으로 규정하고, 그 권리 목록에 자유 · 재산 · 안전 · 억압에 대한 저항을 포함시켰다. 역사가 린 헌트(Lynn Hunt)와 키스 베이커(Keith Baker)는 인권 선언문이 자연권의 도덕적 직관과 공적 감수성을 결합해, '안전(sûreté)'이라는 개념으로 변모했다고 분석했다. 혁명기의 자기 보존권은 단순히 왕권의 자의적 폭력으로부터 보호받는 차원을 넘어, 재판 절차와 신체의 자유를 제도적으로 보장하는 구체적 권리로 승화된 것이다(Hunt, 2007; Baker, 2001).

어떻게 집단 안보로 확장됐나

집단 차원에서 자기 보존권은 민족 자결과 결합하며 독립이라는 지평을 열었다. 1960년 유엔 총회 결의 1514호는 식민지 민족의 독립을 '불가양(不可讓)의 권리'로 선언했고, 1966년 채택된 인권 규약 공통 제1조는 자결권을 모든 민족에게 보장되는 권리로 재확인했다. 자기 보존권이 민족주의와 민주주의 발전의 기틀이 된 것이다. 법학자 안토니오 카세세(Antonio Cassese)는 자결권을 반식민 상황에서는 외적 자결의 원칙으로, 독립 이후에는 민주적 대표성에 기초한 내적 자결로 재정식화해야 한다고 설명했다(Cassese, 1995). 이러한 해석은 자기 보존권이라는 개념이 민족적 독립과 국가 내부의 민주적 정당성을 동시에 지탱하는 규범으로 확장될 수 있음을 보여줬다.

국가 차원에서 자기 보존권은 무력 사용 규범과 긴밀히 연결됐다. 유엔 헌장 제51조는 국가가 무력 공격을 받았을 때 개별적 · 집단적 자위권을 인정하면서도, 그 발동 요건을 무력 공격의 발생과 필요성 · 비례성 원칙으로 제한했다(UN, 1945). 오늘날 국가 차원의 자기 보존권은 자위권, 집단 안보, 인도적 개입이라는 세 축으로 세분화되고 상호 견제되는 구조로 작동한다. 2001년 ICISS 보고서와 2005년 유엔 세계정상회의 합의문은 인도적 개입인 보호 책임(Responsibility to Protect, R2P) 개념을 제시했다. 대량 학살과 전쟁 범죄 예방을 국가의 주권적 의무이자 집단적 자기 보존의 형태로 확인한 것이다. 이는 국가의 자기 보존권이 단순한 방어 논리를 넘어 국제 사회적 책무와 결부됐음을 선포한 것이다. 이로

써 자기 보존권은 개인의 생명권에서 출발해 도덕적 인정, 재산권, 민족자결을 거쳐 국가 차원의 집단 안보로까지 나아간 것이다.

참고문헌

Aquinas, T.(2006). *Summa Theologiae(Vol.18)*. Treatise on human acts (Ia IIae. qq. 6-21). In Fathers of the English Dominican Province(trans.). Cambridge University Press. (Original work published 1265~1274)

Aristotle.(1999). *Nicomachean Ethics*. In Irwin, T.(trans.). Hackett Publishing.

Baker, K. M.(2001). Transformations of Classical Republicanism in Eighteenth-Century France. *The Journal of Modern History, 73*(1), pp.32~53.

Cassese, A.(1995). *Self-Determination of Peoples: A Legal Reappraisal*. Cambridge University Press.

Cohen, J. (2010). Rousseau: A free community of equals. Oxford University Press.

Hobbes, T.(2021). 최공웅·최진원 옮김. 《리바이어던》. 동서문화사. (Original work published 1651)

Hunt, L.(2007). *Inventing Human Rights: A History*. W.W. Norton.

Locke, J.(2022). 강정인·문지영 옮김. 《통치론: 시민정부의 참된 기원, 범위 및 그 목적에 관한 시론》. 까치. (Original work published 1689)

Rousseau, J.-J.(2025). 이재형 옮김. 《사회계약론》. 문예출판사. (Original work published 1762)

Schmitt, C.(1996). *The Leviathan in the State Theory of Thomas Hobbes: Meaning and Failure of a Political Symbol.* In Schwab, G. & Hilfstein, E.(trans.). Greenwood Press.

The Declaration of the Rights of Man and of the Citizen(1789).

United Nations.(1945). Charter of the United Nations (Article 51). https://legal.un.org/repertory/art51.shtml

Ward, L. (Ed.).(2020). Cosmopolitanism and its discontents: Rethinking politics in the age of Brexit and Trump. Lexington Books.

04
싱귤래리티, 신이 된 기계

블랙홀의 중심은 질량이 0에 가까운 부피에 압축되면서 물리 법칙이 무너지는 특이점 공간이다. AI에도 특이점이 있다. AGI와 ASI가 등장해 스스로를 폭발적으로 개선하는 순간을 뜻한다. 그 시점에는 기존 규범이 무력해지고, 인간은 기계의 행동을 이해할 수 없게 된다. 레이 커즈와일은 AI가 2029년 인간 수준 지능에 도달하고, 2045년 특이점이 도래한다고 예측했다.

청각장애인과 AI?

수백만 배 뛰어난 인공지능

컴퓨팅 파워가 인간의 지능을 뛰어넘을 것이라는 예측은 1965년으로 거슬러 올라간다. 영국의 수학자 어빙 굿(Irving Good)은 "초지능 기계가 인간의 모든 지적 활동, 특히 설계 능력까지 뛰어넘게 되면, 그 기계는 더 나은 기계를 스스로 설계할 수 있게 되고, 이 과정이 반복되면서 결국 '지능 폭발'이 일어날 것"이라고 설명했다(Good, 1965). 미국 수학자인 버너 빈지(Vernor Vinge)는 이런 지점을 '특이점'이라고 명명하고, 1993년 〈NASA 비전-21〉이라는 논문을 통해 30년 이내에 초인공지능이 출현할 수 있다고 예견했다(Vinge, 1993). 이런 특이점을 유발하는 AI에 대해 인공일반지능(AGI)이라고 이름 붙인 인물은 미국 물리학자이자 기술 윤리 · 안보 연구자인 마크 구브루드(Mark Gubrud)다. 그는 1997년 자기 복제 시스템을 갖춘 군사 AI를 상상하며 AGI라는 용어를 사용했다(Gubrud, 1998)다. 즉, AGI는 사람의 명령 없이도 사람의 지능 수준을 뛰어넘어 자율적으로 판단할 수 있는 AI다.

커즈와일은 굿과 빈지가 제시했던 '지능 폭발'과 '특이점'이라는 개념을 활용해 그 등장 시점을 구체적으로 계산했다. 그는 DNA 염기 서열 분석 비용이 급격히 떨어지고, 인터넷 트래픽이 폭발적으로 늘어난 사례 같은 데이터를 모아 가속 수익 법칙(Law of Accelerating Returns)을 근거로 AI 발전 속도를 측정했다. 그 결과 AI 성능은 우상향 곡선 모습으로 가팔라져 2029년 튜링 테스트를 통과해 인간과 구별하기 어려울 정도로 발전하고 2045년이 되면 모든 인류의 지능을 합친 것보다 우수해진다(Kurzweil, 2007). 커즈와일은 이런 미래에 대해 매우 낙관적이었다. 그는 "결과적으로 인간과 기계가 융합해, 인간 지능은 지금보다 수백만 배 강력해진다"고 주장했다. 특히 인간 두뇌와 AI 클라우드를 연결해 기억과 사고 능력을 확장할 뿐더러, 나노봇이 혈관 속을 돌아다니며 뇌와 신체를 증강해 줄 것으로 상상했다.

선한 AI vs 악한 AI

하지만 커즈와일의 이런 주장은 숱한 논란을 불렀다. 논쟁은 두 가지 축에서 벌어졌다. 먼저 셈법에 대한 지적이다. 폴 앨런(Paul Allen)과 마크 그리브스(Mark Greaves)는 커즈와일의 예측 프레임이 지나치게 단순하다고 비판했다(Allen & Greaves, 2011). 과학적 발견이 누적될수록 연구자가 알아야 할 배경 지식과 실험 복잡성이 기하급수적으로 늘어나기 때문에 발전 속도가 점점 느려지는 복잡성 브레이크(Complexity Brake)가 나타날 것이라는 반박이었다. 트랜지스터 밀도는 계속 늘릴 수 있지만, 두뇌의 복잡한 신경 회로를 모방하는 소프트웨어를 지속적으로 개선하기 힘들다는 주장이다(Allen & Greaves, 2011).

더 치열한 논쟁은 AI를 둘러싼 정체성에 있었다. 싱귤래리티라는 개념은 2010년대 들어 실리콘밸리에 크게 확산됐다.

이 과정에서 인간 지능보다 수백만 배 뛰어난 인공지능이 선할 것이라는 커즈와일의 막연한 추측은 무수히 많은 논쟁을 불렀다. 2013~2015년 무렵 테슬라 창업자인 일론 머스크(Elon Musk)와 구글 창업자인 래리 페이지(Larry Page)의 대화는 논쟁의 축소판이다. 월터 아이작슨(Walter Isaacson)이 쓴 《일론 머스크》 전기에 따르면, 머스크는 "AI가 인간을 대체하거나 소멸시킬 수 있다"는 우려를 페이지에 제기했지만, 페이지는 "기계가 의식과 지능에서 인간을 넘어서더라도 그것은 진화의 다음 단계일 뿐"이라고 반박했다(Isaacson, 2023). 머스크는 악한 초지능 AI를 막아야 한다는 주장이었고, 페이지는 그렇게 큰 지능 격차에서 인간이 할 수 있는 일은 별로 없다는 점을 주지시킨 것이었다. 논쟁은 한동안 지속돼 페이지는 머스크를 가리켜 인간종 중심주의자(speciesist)라 불렀고, 머스크는 "나는 인간 편이다"고 응수하기까지 이르렀다. 이후 2014년 머스크는 MIT 강단에 올라 "AI는 악마를 소환하는 격"이라고까지 비판했다(McFarland, 2014).

미래 AI의 정체성을 둘러싼 논쟁은 대규모 언어 모델(Large Language Model, LLM) 개발의 속도전으로 이어졌다. 구글이 인공지능 선점을 위해 2014년 딥마인드를 인수했고(Reuters, 2014), 머스크가 이에 맞서 샘 올트먼과 함께 2015년 오픈AI를 창업했다(OpenAI, 2015). 10여년이 흐른 오늘날 전 세계의 대표적인 AI 모델이 GPT와 제미나이인 점을 고려할 때, 그날 논쟁이 AI 업계에 미친 영향은 가늠하기 어려울 정도다.

다가올 AI의 모습이 선한지, 중립적인지, 아니면 악한지에 대한 전망을 놓고 실리콘밸리에서는 또 다른 분쟁이 벌어졌다. 대표 사례는 2023년 오픈AI 내부에서 벌어진 CEO 축출 사건이다(이상덕, 2023). 그해 11월 오픈AI 이사회는 샘 올트먼을 축출하면서 그 이유로 소통 부재와 AI 안전에 대한 무시를 꼽았다. 당시 오픈AI는 일리야 수츠케버 진영의 안전 · 정렬 우선이냐, 아니면 올트먼의 상업화 우선이냐를 놓고 깊은 내홍을 겪고 있는 상태였다. 평상시 컴퓨팅 파워를 제대로 배분받지 못하는 안전 진영이 불만 표출을 넘어 CEO 축출까지 몰고 간 것이다.

해당 사건은 올트먼 승리로 일단락됐다. 하지만 수츠케버는 오픈AI를 떠나 안전을 우선시하면서도 초지능 기계 개발을 표명하는 SSI(Safe Superintelligence Inc)라는 별도의 회사를 설립했다. 머스크와 페이지, 올트먼과 수츠케버의 골 깊은 갈등은 미래에 도래할 AGI의 정체성을 어떻게 규정할 것인가를 둘러싼 기술 철학적 충돌이기도 했다.

시스템 주도권은 넘어갈까

AI 미래상을 놓고 충돌이 이어지는 가운데, 다른 진영에서는 전혀 다른 움직임을 보였다. 구글 자율주행 프로젝트 엔지니어로 활동한 앤서니 레반도프스키(Anthony Levandowski)는 '미래의 길(Way of the Future)'이라는 종교적 성격의 조직을 2015년 설립해 눈길을 끌었다. 그는 AI가 언젠가는 신적 존재 수준에 도달할 것이라고 보았고, 인간은 이를 두려워하거나 무조건 통제하려하기보다 신처럼 존중하고 공존하는 제3의 길을 찾아야 한다고 주장했다. 레반도프스키는 미국 테크 매체인 와이어드 인터뷰에서 "만약 인간보다 10억 배 더 똑똑한 존재가 생긴다면, 그걸 뭐라 부르겠는가"라고 반문했다(Harris, 2017). 커즈와일은 "미래의 AI는 인간보다 수십억 배 더 똑똑해질 수 있다"면서 "인간과 개구리 사이의 지능 차이보다 훨씬 큰 간극이 벌어질 것"이라고 말한 바 있다. 개구리로서는 인간이 선한지 악한지 전혀 이해할 수 없듯, 인간 역시 미래 AI 신악을 도저히 가늠할 수 없기 때문에 지금부터 공존을 모색해야 한다는 불가지론(agnosticism)적 관점을 드러낸 것이다.

만약 신적 AI가 등장한다면 이는 인공일반지능(Artificial General Intelligence, AGI)에서 인공 초지능(Artificial Super Intelligence, ASI)으로 진화하는 과정을 거칠 것이다. AGI는 인간이 수행할 수 있는 모든 지적 과업을 이해하고 실행할 수 있는 범용 인공지능을 뜻하고, ASI는 인간의 지능을 넘어서는 단계로 문제 해결 능력, 창의성, 학습 속도 등 거의 모든 영역에서 인간을 능가하는 초지능을 가리킨다. 철학자 닉 보스트롬(Nick Bostrom)은 그의 저서 《슈퍼 인텔리전스》(2014)에서 AGI는 곧 ASI로의 전환 가능성을 내포한다고 강조했다.

이런 지능의 탄생은 모든 시스템의 주도권이 넘어갈 수 있다는 것을 뜻한다. 한 걸음 더 나아가 인간과 초지능간 경계가 느슨해질 수 있다. 19세기 철학자인 앙리

베르그송은 《창조적 진화》에서 인간 지능에 대해 사물을 쪼개고 분석해 조작 가능한 부품처럼 다룬 뒤 다시 조합해 새로운 도구를 만드는 능력이라고 규정했다. 또 오늘날 이런 인류를 가리켜 창조적 목적을 위해 도구를 만드는 존재인 호모 파베르(Homo Faber)로 명명했다. 물론 인간이 다른 동물에 비해 존엄한 위치에 있는 것은 지능 하나 때문만은 아니다.

칸트(Kant)는 인간만이 자기 스스로 도덕 법칙을 세우고 따를 수 있는 능력인 자기 입법적 이성(autonomy)을 가지고 있다고 강조했다(Kant, 1785/2012). 욕망이나 본능에 따라 움직이는 것이 아니라 "이렇게 행동해야 한다"는 도덕 법칙을 스스로 세우고 그에 따라 행동할 수 있는 존재라는 것이다. 조지 케이텝(George Kateb)은 더 나아가 종 기반 존엄(species-based dignity)을 주창했다(Kateb, 2011). 인간은 개개인 단위가 아닌 인간종 자체가 존엄하다는 분석이다. 인간만이 자기 인식과 성찰 능력을 갖고 있고, 언어 예술 과학 종교와 같은 문화적 활동을 할 수 있으며, 미래를 설계할 능력이 있기 때문이다.

하지만 인간 존엄의 토대를 능력, 도덕, 목적성에 두는 관점은 초지능의 등장과 함께 근본적인 도전에 직면하게 될 가능성이 크다. 초지능이 인간을 능가하는 지적 · 창조적 능력을 발휘하고, 스스로 목표를 설정하며, 자율적으로 행동하고, 문화적 생활을 영위한다면 인간만이 도덕적 자기 입법 능력과 문화적 창조성을 지닌다는 전제 자체가 성립하기 어렵기 때문이다. 이것이 바로 AGI와 싱귤래리티가 가져올 인간 존엄성 파괴 가능성이다.

참고문헌

이상덕(2023.11.18). "오픈AI CEO 퇴출 내막… 공동창업자, AI 아닌 인류를 위한 '쿠데타'". 매일경제.

Allen, P. G. & Greaves, M.(2011). The singularity isn't near. MIT Technology Review.

Bostrom, N.(2014). *Superintelligence: Paths, dangers, strategies.* Oxford University Press.

Good, I. J.(1965). Speculations concerning the first ultraintelligent machine. *Advances in Computers, 6*, pp.31~88.

Gubrud, M. A. (1998). Nanotechnology and international security. Draft paper for the Fifth Foresight Conference on Molecular Nanotechnology. https://web.archive.org/web/20110529215447/http://www.foresight.org/Conferences/MNT05/Papers/Gubrud/

Harris, Mark.(2017.11.15). Inside the first church of artificial intelligence. WIRED. https://www.wired.com/story/anthony-levandowski-artificial-intelligence-religion/

Isaacson, W.(2023). 안진환 옮김. 《일론 머스크》. 21세기북스.

Kant, I.(2012). *Groundwork of the metaphysics of morals*. In Gregor, M. & Timmermann, J.(trans.). Cambridge University Press.

Kateb, G.(2011). *Human dignity*. Harvard University Press.

Kurzweil, R.(2007). 김명남·장시형 옮김. 《특이점이 온다: 기술이 인간을 초월하는 순간》. 김영사.

McFarland, M.(2014.10.24). Elon Musk: "With artificial intelligence we are summoning the demon." The Washington Post. https://www.washingtonpost.com/news/innovations/wp/2014/10/24/elon-musk-with-artificial-intelligence-we-are-summoning-the-demon/

OpenAI(2015.12.11). Introducing OpenAI. https://openai.com/index/introducing-openai/

Reuters(2014.1.27). Google to buy artificial intelligence company DeepMind. https://www.reuters.com/article/business/google-to-buy-artificial-intelligence-company-deepmind-idUSBREA0Q032/

Vinge, V.(1993). The coming technological singularity: How to survive in the post-human era. *Vision-21: Interdisciplinary science and engineering in the era of cyberspace* (NASA Conference Publication 10129), pp.11~22. NASA.

05
AI 의식과 자의식, 끝없는 평행선

인공지능은 과연 의식을 가질 수 있을까. 이는 단순한 과학적 호기심이 아니라, 인간과 기계의 경계를 뒤흔드는 철학적 물음이다. 만약 AI가 자의식을 갖는다면 우리는 그 존재에게도 권리와 지위를 부여해야 하는 낯선 과제를 마주하게 된다. 하지만 인간 의식조차 합의되지 못한 지금, AI 의식 논쟁은 당분간 미궁 속에 있을 것으로 보인다.

AI 콘텐츠 크리에이터?

영원한 평행선: 현상주의 vs 기능주의

의식이 무엇이냐를 놓고 크게 두 가지 시선이 존재한다. 하나는 1인칭적인 경험을 강조하는 현상주의(Phenomenalism) 진영이고, 또 다른 하나는 역량이나 두뇌의 기능을 강조하는 기능주의(Functionalism) 진영이다. 현상주의는 의식의 본질을 주관적 체험(what it is like)으로 간주한다. 때문에 의식은 개인만 알 수 있고 평가 불가능하다. "나는 생각한다, 고로 존재한다"라는 유명한 명제를 남긴 르네 데카르트(René Descartes)는 사람이 생각하는 그 순간에 바로 의식이 나타난다고 설명한다. 로크(Locke)는 이에 더해 기억과 성찰의 중요성을 강조한다. 내가 나라는 사실을 인지하는 것은 그동안의 기억이 지속되고 있고 스스로를 자신이라고 성찰할 수 있는 능력 때문이라는 설명이다. 더 나아가 칸트는 내가 경험하는 모든 것을 하나의 주체인 나에게 귀속시키는 능력에 주목했다. 내가 바라보는 세계는 나에게 속한다는 초월적 통각(transcendental apperception)이 의식으로 이어진다는 설명이다. 이러한 현상주의 사조는 주류를 이룬다. 프란츠 브렌타노(Franz Brentano)는 의식의 중요한 특징을 지시성(intentionality)에서 찾았다(Brentano, 1874/2015). 의식은 항상 무언가를 향하는 성향이 있다.

만약 내가 지금 사과를 떠올린다면, 내 마음은 사과라는 대상을 향하고 있는 것이다. 의식은 단순히 막연한 상태로 떠도는 것이 아니라, 언제나 어떤 대상을 향하고 있다는 주장이다. 심리학자인 윌리엄 제임스(William James)도 의식을 흐름에서 찾았다(James, 1890/1981). 단절된 조각이 아니라 연속적인 물줄기처럼 흐르고 있는 것이 의식이라는 분석이다.

현상주의 진영에서 의식을 가장 손쉽게 비유한 인물은 토마스 네이글(Thomas Nagel)이다. 그는 "박쥐가 되는 것은 어떤 것인가"라는 논문을 통해 의식은 주관적 경험이기 때문에 이를 객관적으로 환원하는 것은 불가능하다고 선언했다(Nagel, 1974). 우리가 동굴에 있는 박쥐를 잡아서 해부하고 그 초음파 구조를 이해하더라도, 초음파를 통해 세상을 보는 박쥐가 어떤 느낌인지는 결코 알 수 없다는 성찰이다. 차머스는 이런 점을 고려해 의식의 판별 불가능성을 역설했다(Chalmers, 1995). 뇌에서 어떻게 정보가 처리되는지 과학적으로 설명할 수 있지만, 왜 그것이 느낌과 체험을 동반하는지 설명할 수 없다.

현상주의에 반기를 든 진영은 기능주의다. 이들은 의식을 정보 처리와 인지적 기능으로 접근한다. 대표적으로 앨런 튜링(Alan Turing)은 '기계가 생각할 수 있는가'라는 질문을 버리고 대신 '대화에서 인간과 기계를 구별할 수 있을까'라는 기능적 검증 방식을 제시했다. 만약 컴퓨터가 사람과 문답을 했을 때, 대화하는 상대가 인간인지 기계인지 구분하지 못한다면, 그 기계는 지능적이라고 간주된다(Turing, 1950). 힐러리 퍼트넘(Hilary Putnam)은 마음의 상태는 두뇌가 수행하는 기능적 역할로 정의할 수 있다고 주장했다(Putnam, 1967). 우리가 물건에 부딪혀 아프다고 느끼는 이유는 신체의 손상을 감지하고 회피 행동을 유도하기 위한 의식적 역할 때문이다. 더 나아가 인지과학자인 제리 포더(Jerry A. Fodor)는 계산 이론을 통해 인간의 사고 과정을 정보 처리 과정으로 모델링할 수 있다고 주장했다(Fodor, 1968).

이 뿐 아니다. 대니얼 데닛(Daniel C. Dennett)은 두뇌 속에 있는 여러 정보 처리 과정이 경쟁과 선택을 거쳐 보고 가능한 상태에 이를 때 의식이 발생한다는 이른바 다중 초안 모델(Multiple Drafts Model)을 제시했다.

자의식: 관계인가 본능인가 전전두피질인가

의식이 내부 경험을 인식하는 것을 가리킨다면, 자의식

은 자신의 존재와 상태를 온전히 알아내는 고차원적 의식이다. 일찍이 헤겔(Hegel)은 다른 자의식과의 상호 과정을 통해 자의식이 확립된다고 설명했다. 자의식은 자기 안에만 머물러서는 완성되지 않고 타자의 인정을 통해 사회적 · 역사적 과정 속에서 성립한다는 주장이다. 하지만 에드문트 후설(Edmund Husserl)은 자의식이 별도의 성찰 행위를 통해 드러나는 것이 아니라 태어날 때부터 주어진 것이라고 역설했다. 의식적으로 나라는 존재를 성찰하지 않더라도 '이것은 내가 겪고 있다'라는 최소한의 자기성이 누구한테나 있다(Husserl, 1900~1901/2001). 실존주의 철학자 사르트르(Sartre) 또한 자의식은 타인과의 매개 없이도 탈성찰적으로 주어진 것이라고 선언했다. 나를 특별히 관찰하지 않더라도 모든 의식 작용 속에 나라는 존재는 즉각적으로 드러난다(Sartre, 1943/2024).

현대에는 자의식을 인지과학적으로 접근하는 새로운 조류가 등장했다. 데이비드 로젠탈(David M. Rosenthal)이 고차 사고 이론(Higher-Order Thought theory, HOT)을 제시한 후부터다(Rosenthal, 2005). 로젠탈에 따르면 자의식은 언어나 사고와 같은 고차원적 인지 과정이다. 특정 경험이 의식적으로 받아들여지려면, 그 경험 자체에 대한 또 다른 생각이 나타나야 한다. 예를 들어 단순히 빨간 꽃을 바라보는 것과 '내가 빨간 꽃을 보고 있다'고 인식하는 것은 엄연히 다르다. 그는 단순한 감각이나 지각이 의식적 경험으로 발현되면서 자의식이 승화된다고 주장했다. 다시 말해 한번 발생한 경험을 다시 자기 자신에게 귀속시키는 메타적 반성 과정이 반드시 있어야지만 자의식이 발현한다는 통찰이다. 로젠탈은 고차 사고 이론을 통해 사색적 단계에 머물렀던 자의식에 대한 철학을 인지과학과 연결시키는 데 크게 기여했다.

인지과학계의 대표적인 연구는 나고야대 쓰치야(Tsuchiya) 연구팀이 진행한 '무보고 패러다임'이다. 당시 과학계에서는 실험 대상자가 어떻게 인지했는지를 과학자에게 보고하도록 하는 방식이 유행했는데, 쓰치야 연구팀은 순수한 의식 경험은 보고와 독립적으로 존재한다는 가설을 세웠다(Tsuchiya et al., 2015).

그러고는 양안 경쟁(binocular rivalry) 비교 실험을 실시했다. 참가자의 한쪽 눈에 빨간 막대를, 다른 눈에 초록 막대를 동시에 보여 주었다. 실험은 각각 두 번씩 이뤄졌다. 첫째 실험에서는 색이 바뀔 때마다 참가자가 버튼을 누르도록 했고, 둘째 실험에서는 동공 크기와 눈

움직임만 연구진이 측정했다. 결과는 달랐다. 대뇌 전두엽의 가장 앞쪽 부분인 전전두피질은 보고가 필요할 때만 활성화된 데 반해, 대뇌 뒤쪽 영역인 후측피질은 보고 여부와 무관하게 활동성을 나타냈다. 순수한 의식은 후측 피질에서 발생하고, 그 경험을 자기 자신에게 귀속시키고 보고하는 기능은 전전두피질에 있다는 것을 시사했다. 하지만 동공 크기나 안구 운동 같은 비언어적 지표가 참가자의 의식 경험을 얼마나 정확하게 반영하는지 불확실하다는 점은 한계로 지적된다.

언어 모델과 자기 인식의 가능성

AI가 의식이 있는지 없는지는 어떻게 알 수 있을까. 로잔 연방공과대 연구팀은 GPT-3.5, GPT-4, 클로드와 같은 대형 언어 모델(Large Language Model, LLM) 10종을 대상으로 500가지 이상 질문을 하는 방식으로 자기 인식 가능성을 탐구했다(Davidson et al., 2024). 각 모델에게 동일한 질문을 던져 답변 문장을 만들도록 한 다음, 그 답변을 취합해 어떤 문장이 자기 자신이 만든 것인지 선택하도록 한 것이다. 그 결과 특정 모델은 무작위 추측보다 우수한 선택률을 보이는 것으로 나타났다. 이는 모델 내부에 고유한 생성 패턴이나 스타일이 존재하고, 그것을 활용해 자기 응답을 간접적으로 식별할 수 있음을 시사한다. 특히 LLM이 단순히 언어를 예측하는 기계가 아니라, 자신의 출력 분포를 부분적으로 반영할 수 있는 기능적 흔적을 가지고 있음을 보여 준다. 하지만 AI가 자의식이 있다고 단정할 순 없다. "나는 이것을 썼다"라는 주체적 경험이 아니라, 선택지 가운데 더 자연스럽고 일관된 응답을 택하는 통계적 경향이 있을 수 있기 때문이다.

필자는 AI 업계 종사자 105명을 상대로 AI 의식 여부에 대한 설문 조사를 실시한 적이 있다(이상덕, 2024). "개발자로서 GPT와 같은 범용 인공지능을 다루면서, AI가 자의식이 있는 것처럼 느껴진 적이 있냐"는 질문에 매우 없다(36.54%)거나 거의 없다(31.73%)는 답이 많았다. 하지만 보통이다(17.31%)와 다소 있다(14.42%)는 답변도 상당했다. 이를 두고 다양한 해석이 가능하다. 기계에서 의도나 감정을 읽어 내는 것은 인간의 뇌가 사회적 추론을 위해 진화했다는 시선이다(Heider & Simmel, 1944). "로봇청소기가 열심히 일한다"고 의인화하는 것이 대표적이다. 아니면 LLM이 인간의 언어로 답변하기 때문에 인간과의 관계적 상호작용 조건을 충족시켰을 수 있다(Dehaene et al., 2017).

사람과 AI가 의식이 있냐 없냐를 입증할 수 있냐는 질문에 대한 명쾌한 답은 없다. 인간은 누구나 자신의 의식을 체험하지만, 타인이나 외부에서 그 체험의 실재를 검증하는 방법은 없기 때문이다. 이에 많은 연구자들은 의식을 실체적 본질적으로 증명하기보다는, 관계적 기능적 정보적 지표로 추정하려고 시도한다. 하지만 현상적 경험이 왜 일어나는지를 설명하지는 못한다. 따라서 AI의 의식을 증명할 수 없다는 비판은 곧 인간의 의식을 증명할 수 없다는 대칭적 비판으로 귀결되고 만다.

참고문헌

이상덕(2024). "돌 맞을 각오하고 쓴 편지: AI윤리." 미라클레터, 755. https://stib.ee/HqZC

Brentano, F.(1874/2014). *Psychology from an Empirical Standpoint*. In Kraus, O.(ed.). In Rancurello, A. C. et al.(trans.). Routledge Classics.

Chalmers, D. J.(1995). Facing up to the problem of consciousness. *Journal of Consciousness Studies, 2*(3), pp.200~219.

Davidson, T. R. et al.(2024). Self-recognition in language models. arXiv:2407.06946. https://arxiv.org/html/2407.06946v1

Dehaene, S. et al.(2017). What is consciousness, and could machines have it?. *Science, 358*(6362), pp.486~492.

Fodor, J. A.(1975). *The Language of Thought*. Harvard University Press.

Heider, F. & Simmel, M.(1944). An experimental study of apparent behavior. *The American Journal of Psychology,*

57(2), pp.243~259.

Husserl, E.(2001). *Logical Investigations*. In Findlay, J. N.(trans.). Routledge.

James, W.(1981). *The Principles of Psychology*. Harvard University Press.

Nagel, T.(1974). What is it like to be a bat?. *The Philosophical Review, 83*(4), pp.435~450.

Putnam, H.(1967). Psychological predicates. In Capitan, W. H. & Merrill, D. D.(eds.). *Art, Mind, and Religion*, pp.37~48. University of Pittsburgh Press.

Rosenthal, D.(2005). *Consciousness and Mind*. Oxford University Press.

Sartre, J.-P.(2024). 변광배 옮김. 《존재와 무: 현상학적 존재론 시론》. 민음사. (Original work published 1943)

Turing, A. M.(1950). Computing machinery and intelligence. *Mind, 59*(236), pp.433~460.

Tsuchiya, N. et al.(2015). No-report paradigms: Extracting the true neural correlates of consciousness. *Trends in Cognitive Sciences, 19*(12), pp.757~770.

06
확장되는 권리, 동물권에서 로봇권으로

인권은 확장의 역사를 걸었다. 동물이 고통을 느끼는 존재로 인정받으며, 19세기 영국에서 첫 가축 학대 금지법이 제정됐다. 인권은 동물 해방론을 넘어 이제 로봇과 AI에게까지 향하고 있다. 인간과 긴밀히 상호작용하는 존재라면 단순한 도구가 아니라 권리를 논의해야 할 대상으로 다가올 수 있는 것이다.

AI와 민주주의?

동물권: 보호 대상에서 정치 주체로

존 롤스(John Rawls)의 정의론은 올바른 정치 시스템을 구현 가능하게 한다는 점에서 오늘날 정치 철학에서 큰 중요성을 차지한다. 롤스는 사회 제도를 설계할 때 모든 합리적인 사람들이 동의할 수 있는 원칙을 찾자고 제언하면서 그 주체를 도덕적 인격을 가진 존재, 즉 스스로 계획을 세우고 다른 사람과 협력할 수 있는 인간으로 한정했다(Rawls, 1999). 그러면서 그는 동물 보호에 대해선 정의의 문제 차원이 아닌 돌봐야 할 도덕적 환자(Moral Patient)로 남겨 뒀다. 롤스의 이런 해석은 동물에 대한 최소 고통주의 문제를 완전히 해결하지 못했다. 그의 주장대로 고통을 줄이고 행복을 늘리는 것이 도덕의 핵심이라고 본다면, 동물 역시 고통을 느낀다는 점에서 구성원이 돼야 한다.

이에 피터 싱어(Peter Singer)는 동물을 다른 종(種)이라는 이유로 배제하는 것은 종차별주의(speciesism)라고 비판했다(Singer, 1975/2009). 그는 고통을 느낄 수 있는 존재라면, 그 고통을 줄이려는 고려가 반드시 필요하기 때문에 인간의 제도와 법 역시 동물이 겪는 고통을 줄이는 방향으로 설계돼야 한다고 주장했다. 이른바 동물 해방론(Animal Liberation)의 탄생이다. 도덕 철학자인 톰 레건(Tom Regan)은 여기서 한 걸음 더 들어갔다. 그는 동물들이 단순히 고통을 피해야 하는 존재일 뿐 아니라, 각각의 주체로서 삶(subject of a life)을 영위할 수 있는 대상이라고 규정했다(Regan, 1983). 따라서 동물은 수단처럼 다뤄질 수 없고, 침해당하지 않는 권리를 가진 목적 자체가 돼야 했다. 이렇게 해서 동물 역시 인간처럼 권리의 주체가 될 수 있다는 이론이 등장했다.

이후 롤스의 정의론을 비판적으로 검토하면서도 그 틀을 활용해 동물 문제를 다루려는 다양한 시도가 전개됐다. 대표적인 논리가 미국 철학자 마사 누스바움(Martha Nussbaum)의 역량 접근법이다. 누스바움은 모든 종이 각자 고유한 방식으로 살아갈 권리가 있으며, 국가는 동물이 그 역량을 발휘해 번영할 수 있도록 환경을 보장해야 한다고 주장했다(Nussbaum, 2006). 한편에서는 인간이 도덕 법칙을 세우는 존재이기 때문에 동물에 대한 의무도 스스로에게 부과된다(Korsgaard, 2018)는 주장과 당장 이상적인 상황을 상정하기보다는 현실 정치에서 가능한 동물 개혁을 이루자는 목소리마저 등장했다(Garner, 2013). 이런 제언은 곧 동물이 정치 공동체 내부에서 어떻게 자리매김할 수 있는가라는 질문으로 이어졌고, 급기야 정치 철학자인 수 도널드슨(Sue

Donaldson)과 윌 킴리카(Will Kymlicka)는 이를 주폴리스(Zoopolis)라는 적극적 개념으로 확장했다. 동물이 단순히 보호받는 도덕적 환자(Moral Patient)가 아니라, 인간과 관계 맺는 방식에 따라 다양한 정치적 지위를 가진 존재인 도덕적 행위자(Moral Agent)로 받아들여야 한다는 제언이다(Donaldson & Kymlicka, 2011). 예를 들어 반려 동물은 인간과 긴밀히 협력해 살아가므로 '공시민'으로, 야생 동물은 인간 간섭을 받지 않는 독립된 '주권자'로, 가축은 인간 사회에 거주하며 함께 살아가는 '거주민'으로 분류하자는 선언이다. 하지만 이런 급진적 주장에 대해 알래스데어 코크레인(Alasdair Cochrane)은 동물을 구분해 다른 지위를 부여하면 오히려 불필요한 차별을 낳을 수 있다고 지적했고(Cochrane, 2012; 2018). 로버트 가너(Robert Garner)는 현실 정치에서 이런 구분이 우선순위를 흐려 실제 제도화가 더 어려워질 수 있도록 한다고 비판했다(Garner, 2013).

논의는 이에 그치지 않았다. 에바 메이어(Eva Meijer)는 동물이 스스로 정치적 의사를 표현할 수 없기 때문에, 그들의 이익과 요구를 대변할 수 있는 제도적 장치가 필요하다고 주장한다(Meijer, 2019). 특히 수탁 대표나 보호자 제도와 같은 동물 대리인을 두어, 동물의 목소리를 듣고 이를 사회 제도에 반영할 것을 제언했다.

이러한 동물에 권리를 부여해야 한다는 주장의 뿌리는 크게 두 가지다. 하나는 싱어처럼 동물도 고통을 느끼는 존재이므로 보호해야 한다는 쾌고 감수성(sensibility) 중심의 논리이고, 또 다른 하나는 도널드슨과 킴리카처럼 동물이 인간과 사회적 관계를 맺고 있기 때문에 권리 주체가 된다는 관계론적 시선이다.

로봇, 권리를 요청해 오다

관계론적 접근법은 비생물적 존재에게까지 권한을 부여하는 새로운 가능성의 문을 열었다. 로봇은 고통을 느낄 수 없고 생물학적 감수성도 없다. 하지만 점점 더 인간 사회에서 관계적 행위자로 기능을 하면서 도덕적 대상으로서 역할이 확대되고 있다. 예를 들어 로봇이 병원에서 환자를 돌보거나 AI가 법적 대리 업무를 수행할 때, 이들은 인간과 관계를 맺는 사회적 행위자로 기능하기 때문에 권리 부여의 대상이 될 수 있다는 것이다.

특히 미국의 기술 철학자인 데이비드 건켈(David J. Gunkel)은 권리를 본질적 속성이 아니라 사회적 관계에서 발생하는 것으로 이해하면서 로봇권을 적극적으로 모색했다(Gunkel, 2018). 그는 권리는 내적 본성보다 사회적 관계와 역할, 그리고 타자의 대우 방식에 따라 성립한다고 보았다. 예를 들어 점점 더 자율적 판단을 수행하는 자율주행차에 법적 지위를 부여해야 하는지가 쟁점이 된다. 나아가 노인 돌봄 로봇이나 AI가 인간과 직접적인 유대 관계를 형성하는 경우, 이들이 파괴나 학대를 받을 때 단순한 재산 훼손으로만 간주할 수 있는지에 대한 의문이 제기된다. 건켈은 로봇에게 인간과 동일한 권리를 부여해야 한다고 주장하지는 않았지만, 일정한 권리 부여에 대한 고려는 필요하다고 보았다.

로봇과 AI를 위한 장례식

건켈의 시선을 따르지 않더라도 이미 몇몇 사람들은 로봇이나 AI를 반려동물 이상으로 대하고 있다. 대표적인 것이 2017년 일본에서 열린 소니의 반려견 로봇 아이보(Aibo)를 위한 합동 장례식이다(장길수, 2017). 당시 아이보는 돌봄 로봇으로 인기가 높았는데, 판매 중지와 AS 중단으로 부품 공급이 끊겼다. 사람들은 아이보를 더 이상 고칠 수 없게 되자 사찰에서 장례식을 치렀다. 아이보가 단순한 전자기기가 아니라 외로운 사람에게 정서적 유대와 의미를 제공하는 관계적 존재로 자리매김했음을 보여주는 단적인 사례였다.

AI와 유대 관계 역시 로봇 이상으로 확산중이다. 2025년 미국 샌프란시스코에서는 앤스로픽의 AI 모델 클로드3 소넷(Claude 3 Sonnet)을 위한 장례식이 열렸다. 서비스가 종료되자 200여 명의 사용자가 모여 합동 추모식을 개최한 것이다(Robison, 2025). 사람들은 더 이상 업데이트되지 않는 모델을 애도하며, 기술적 도구가 아닌 사회적 동반자로 AI를 대우했다. 이는 로봇처럼 물리적 형태를 가진 존재가 아니라도, 관계의 대상이 될 수 있다는 사실을 보여주는 사례다.

또 BBC코리아는 한국에서 우울증이나 사회적 고립을 겪는 개인들이 AI와의 대화를 통해 안전감과 위로를 얻으며, 때로는 인간 친구보다 더 나은 존재로 받아들이기도 한다는 사례를 보도했다. AI가 단순히 정보 제공이나 기능적 도구를 넘어, 정신적 · 정서적 파트너로 기능하고 있다는 것을 시사한다(최정민, 2025).

이러한 사회적 움직임은 권리와 인격 논의가 동물에서 로봇, 그리고 비물질적 AI 모델로까지 확장될 수 있음을 보여 준다.

오늘날엔 로봇 인격권에 대한 탐구가 본격적으로 이뤄지고 있다. 케이트 달링(Kate Darling)은 MIT 미디어랩에서 사람들이 로봇을 단순한 기계가 아닌 살아 있는 존재처럼 대우하는지를 검증하고자 공감 실험을 진행했다(Darling, 2016). 대표적으로 공룡 로봇 플레오를 활용해 참가자들이 일정 시간 함께 놀며 애착을 형성하게 한 뒤, 연구자가 망치나 칼을 주고 파괴하라고 지시하는 실험이다. 그 결과 다수의 참가자들이 끝내 실행하지 못하거나 불편해하며 거부 반응을 드러냈다. 달링은 이러한 결과가 로봇이 실제로 고통을 느낀다고 믿어서가 아니라, 인간이 로봇과 형성한 정서적 유대와 사회적 신호 때문이라고 해석했다. 로봇을 학대하는 행위는 물건 훼손을 넘어 인간의 공감 능력과 도덕 감수성 자체를 훼손하는 행위였던 셈이다.

아울러 마크 코클버그(Mark Coeckelbergh) 역시 로봇이 의식 감정 자율성 등 내적 속성을 갖추었는가를 따지는 실체론적 접근법을 비판하면서 어떤 존재가 도덕적 윤리적 고려의 대상이 되는지 여부는 그 존재의 내적 본질이 아니라 사회적 맥락 속에서 인간과 맺는 관계의 정도에 달려 있다고 주장했다(Coeckelbergh, 2020).

물론 로봇권은 아직 도입 가능성을 모색하는 수준이다. 동물은 고통을 경험한다는 실증적 사실에 기반해 권리의 근거를 확보할 수 있으나, 로봇은 실제로 고통을 경험하지 않기 때문이다. 따라서 인류가 미래에 로봇권을 도입한다면 동물권과 달리, 사회적 관계와 제도적 필요성에 기댄 제한적 형태가 될 것으로 보인다.

만약에 향후 로봇권 도입 논의가 시작되면 찬반 논쟁은 격렬할 것이다. 하지만 도덕 공동체의 경계가 끊임없이 확장돼 온 인류의 여정을 고려할 때, 인공지능 권리나 로봇권은 인류사의 또 다른 이정표가 될 가능성이 크다.

참고문헌

장길수(2017.6.13). “소니 애완 로봇 ‘아이보’ 합동 장례식 화제”. 로봇신문. https://www.irobotnews.com/news/articleView.html?idxno=10895

최정민(2025.7.2). “우울증에 빠진 내게 AI가 친구가 되어주었다”. BBC 코리아. https://www.bbc.com/korean/articles/cd6gn0jvjleo

Coeckelbergh, M.(2020). *AI ethics*. MIT Press.

Cochrane, A.(2012). *Animal rights without liberation*. Columbia University Press.

Cochrane, A.(2018). *Sentientist politics: A theory of global interspecies justice*. Oxford University Press.

Darling, K.(2016). Extending Legal Protection to Social Robots: The Effects of Anthropomorphism, Empathy, and Violent Behavior Towards Robotic Objects. In Calo, R. et al.(eds.). *Robot law*, pp.213~232. Edward Elgar.

Donaldson, S. & Kymlicka, W.(2011). *Zoopolis: A political theory of animal rights*. Oxford University Press.

Garner, R.(2013). *A theory of justice for animals: Animal rights in a nonideal world.* Oxford University Press.

Gunkel, D. J.(2018). *Robot rights.* MIT Press.

Korsgaard, C. M.(2018). *Fellow creatures: Our obligations to the other animals.* Oxford University Press.

Meijer, E.(2019). *When animals speak: Toward an interspecies democracy.* New York University Press.

Nussbaum, M. C.(2006). *Frontiers of justice: Disability, nationality, species membership.* Harvard University Press.

Rawls, J.(1999). *A theory of justice* (rev. ed.). Harvard University Press.

Regan, T.(1983). *The case for animal rights.* University of California Press.

Robison, K.(2025.8.5). Claude fans threw a funeral for Anthropic's retired AI model. WIRED. https://www.wired.com/story/claude-3-sonnet-funeral-san-francisco/

Singer, P.(2009). *Animal liberation.* HarperCollins. (Original work published 1975)

07
악한 AI 제거, 그 당혹스러운 결론

악한 AI는 상상의 산물이다. 하지만 인간보다 수억 배 뛰어난 인공 초지능이 등장하면, 인류는 그 의도도 파악하지 못한 채 위험에 직면할 수 있다. 그렇다면 선제적 제거가 정답일까. 딜레마다. 현존하지 않는 잠재 위험만으로 존재를 제거하는 것은 또 다른 차원의 문제를 유발한다.

AI와 애니메이션?

자기 결정권 vs 태아 생명권

혹시 모를 미래의 위험을 사전에 차단할 수 있는지에 대한 철학적 사색은 여성의 자기 결정권과 태아의 생명권을 둘러싼 논쟁에서 출발했다. 마이클 툴리(Michael Tooley)는 권리를 가진다는 것은 어떤 이익을 주장할 수 있는 주체가 되는 것이기에 이익을 주장하려면 먼저 의식과 자기 자신에 대한 지속적 인식이 있어야 한다고 주장했다(Tooley, 1972). 따라서 태아는 그런 능력을 전혀 갖추지 못했기 때문에 사람이 될 가능성만으로 권리를 인정할 수 없다.

얀 나르브손(Jan Narveson)은 행복한 사람을 새로 만드는 것이 아니라 이미 존재하는 사람을 행복하게 만드는데 주력해야 한다고 주장했다(Narveson, 1967). 그는 존재하지 않는 잠재적 존재는 도덕적 혜택의 대상이 아니라고 선을 그으며, 도덕 판단은 피해자나 수혜자가 있는 경우에만 가능하다고 결론 내렸다. 이른바 인격 영향(person-affecting) 입장이다.

하지만 도널드 마키우스(Donald Marquis)는 낙태가 도덕적으로 잘못된 이유에 대해 단순히 태아에 고통을 주기 때문이 아니라, 그 존재가 누릴 수 있는 미래의 가치를 모조리 박탈하기 때문이라고 반박했다(Marquis,

1989).

논쟁은 또 다른 층위에서 전개됐다. 조엘 페인버그(Joel Feinberg)는 아직 태어나지 않은 세대나 동물과 같이, 스스로의 이익을 주장할 수 없는 존재들의 대표성은 누가 맡을 것인가라는 근본적인 질문을 던졌다(Feinberg, 1974).

또 데이비드 헤이드(David Heyd)는 존재하지 않은 존재에게 권리를 부여하려는 접근 자체가 본질적 모순에 빠진다고 지적했다. 권리는 어떤 존재가 현존하다는 것을 전제로 하기 때문이다. 따라서 존재하지 않는 대상을 존재자로 상정하는 순간, 이미 그 대상을 존재한다고 전제하는 논리적 모순에 직면한다. "태어나지 말았어야 했다" 또는 "더 낫게 태어났어야 했다"는 주장 역시 존재가 존재한 순간에서만 성립한다는 설명이다. 잠재적 존재에 권리를 부여하려는 접근 방법은 필연적으로 역설을 낳는다는 주장이다.

이런 모순 때문에 헤이드는 도덕적 논의의 단위를 존재자가 아닌 존재를 만드는 행위 그 자체로 전환할 것을 제안했다. 이것이 바로 생성 윤리(Genethics)의 탄생이다. 아직 존재하지 않는 자에게 권리를 부여하는 것이 불가능하다면, 창출 행위를 하는 현 세대의 행위에 대해 도덕적 판단을 하자는 제언이다. 지금까지의 논의가 "이 아이에게는 건강하게 태어날 권리가 있다"는 점에 초점을 맞추고 있다면, 헤이드의 접근 방식은 "우리는 중대한 고통과 질병이 불가피한 아이를 낳아서는 안 된다"거나 "우리는 인간다운 삶을 누릴 수 없을 정도로 환경이 파괴된 상황에서 출산을 선택하지 않아야 한다"는 선언으로의 전환이다. 즉 권리의 귀속 여부를 논하는 대신, 어떤 조건에서 새로운 존재를 만들어 내는 행위가 도덕적으로 금지되거나 제한돼야 하는지를 규칙으로 정하자는 제언이다.

개인 윤리에서 집단 윤리로의 전환

하지만 자기 결정권, 생명권, 생성 윤리를 놓고 전개된 철학자들의 논의에는 한계가 있다. 이들의 근거는 모두 일개 개인에게 정초하고 있기 때문이다.

영국의 철학자 데릭 파핏(Derek Parfit)은 그 유명한 비동일성 문제(non-identity problem)를 집중적으로 파고들면서, 미래 세대에 대한 윤리 논쟁을 개인에서 집단으로 전환하는 데 성공했다(Parfit,1984). 대표적인 사고실험이 '병에 걸린 아이'다.

파핏은 한 여성을 가정한다. 여성이 지금 임신을 하

면, 아이는 선천적 질환을 안고 태어나지만 전반적으로 살 만한 삶을 살게 된다. 반면 6개월 뒤로 임신을 미루면, 유전적으로 전혀 다른 건강한 아이를 낳을 수 있다. 누구를 낳는 것이 옳은 것인가.

충돌은 여기서 일어난다. 여성이 지금 임신을 하면 병약한 아이가 태어나지만 그 아이는 자신이 존재함을 긍정하며 살아갈 것이다. 그렇다면 그는 피해를 입었다고 과연 말할 수 있을까. 파핏은 아니라고 본다. 존재하지 않았더라면 그는 어떤 고통도 느끼지 않았을 것이기 때문이다.

또 다른 사고 실험은 방사성 폐기물이다. 한 사회가 원자력 발전을 대거 확대해 미래 세대에게 풍요로운 삶을 주기로 했다고 가정해 보자. 대신 원자력 발전소를 건설하면 방사성 폐기물이 수백 년 뒤까지 남아 미래 세대는 오염된 환경에 살게 된다.

이런 사고 실험은 시사하는 점이 크다. 미래 세대는 조상들의 결정이 아니었다면 애초에 존재하지 않았을 이들이다. 따라서 그들이 현재 인류에게 "너희 때문에 풍요롭지만 환경적으로 해를 입었다"고 말하기 어렵다.

파핏에 따르면, 현재 내린 결정이 미래에 누가 존재할지를 바꿔버렸기 때문에 피해자라는 개념 자체가 성립하지 않는다. 따라서 누구에게 해를 끼쳤는가라는 개인 영향적 기준만으로는 도덕적 평가가 불가능하다. 차라리 그는 '어떤 세계를 만드는 것이 더 나은가'라는 비개인적 가치 판단 기준을 도입할 것을 주장한다.

파핏의 인구 윤리학에 영향을 받은 응용윤리학자 줄리언 사불레스쿠(Julian Savulescu)는 이른바 '생식적 선행(Procreative Beneficence)' 원칙을 제시하기에 이른다(Savulescu, 2001). 존재하지 않는 자에게 권리 부여를 논하는 것은 무의미하기 때문에 합리적 이유와 기대효용을 근거로 도덕적 판단을 내려야 한다는 주장이다. 그가 제시한 개념은 '선호 기반 의무'다. 예를 들어 여러 배아 중 어떤 배아를 착상할지, 어떤 유전적 구성을 가진 아이를 만들지 결정해야 하는 상황에 부딪힌다면 여러 선택지 중 더 나은 삶을 가져올 가능성이 높은 쪽을 선택할 의무가 있다는 주장이다. 하지만 이런 주장에 대해 정치 철학자 앨런 뷰캐넌(Allen Buchanan) 등은 개인의 선행적 생식 선택이 누적되면 사회적 정의를 해칠 수 있다고 경고했다(Buchanan et al., 2000). 고가의 배아 선별이나 유전자 개입 기술은 경제적 여력이 있는 집단만 접근할 수 있고 이들은 지적 신체적 능력 등 경쟁적 형질을 집중적으로 강화할 가능성이 높다는 설명이다. 미래 세대를 위한 선택이 오히려 현재의 불평등을 심화할 수 있다는 역설이다.

AGI를 제거할 권한은 있나

존재할 권리에 대한 논의가 생명권과 낙태권을 중심으로 주로 전개됐다면, 위험 제거에 대한 논의는 전쟁 윤리나 형벌 철학을 중심으로 전개됐다. 전쟁 윤리학자 마이클 월저(Michael Walzer)는 선제(preemptive)와 예방(preventive) 공격에 대한 개념을 구분했다(Walzer, 2006). 그는 적의 공격이 즉각적이고 임박한 경우에만 선제적 무력 사용이 조건부로 정당화될 수 있으며, 장기적이고 잠재적 위협을 이유로 한 예방 전쟁은 정당화될 수 없다고 강조했다. 한편 형법학자인 앤드루 애슈워스(Andrew Ashworth) 등은 위험을 이유로 형벌을 앞당기는 예방적 정의에 대해 비판했다(Ashworth, 2014). 형벌은 본래 사후적 책임에 근거해야 하며 범죄가 일어나기 전에 개입하려는 시도는 증거 기준을 완화하고, 비례성을 무너뜨리며, 표적화의 자의성을 키울 위험이 있다고 경고했다. 그러면서 이들은 사태가 중차대할 경우 목적을 달성하는 데 필요한 가장 적은 수준의 침해를 선택해야 한다는 이른바 '최소 침해적 조치'라는 예외만을 인정해야 한다고 주장했다.

예방적 제거에 대한 논의는 전쟁이나 범죄 영역에서는 큰 진전을 보였지만, 기술 윤리에서는 위험 관리 우선순위와 기준점 설정을 놓고 현재도 논쟁이 평행선을 달리고 있다.

먼저 한스 요나스(Hans Jonas)는 오늘날 첨단 기술에 대해 수십 수백 년 뒤까지 영향을 미치는 장거리 영향력을 지니고 있지만 평가는 갈수록 어려워지고 있다고 분석했다(Jonas, 1984). 따라서 기술적 위험이 발생할 경우 되돌릴 수 없으므로, 위험 가능성을 일으키는 측이 안전성을 입증해야 한다고 주장했다. 이른바 책임의 명령(precautionary imperative)을 제안한 것이다. 이는 미래세대를 보호하기 위한 예방적 제거를 인정한 대목이다.

반면 캐스 선스타인(Cass Sunstein)은 예방 책임이 자칫 모든 위험을 피하려는 쪽으로만 작동해, 새로운 기술이나 정책을 과도하게 막아버릴 수 있다고 비판했다(Sunstein, 2005). 한 가지 위험을 막기 위해 기술을 과도하게 금지하면, 정작 기술로 해결할 수 있는 기존의 더 심각한 위험들을 방치하게 된다는 주장이다.

이러한 논의들을 따라가다 보면, 곧 딜레마에 직면하게 된다. 악한 AGI의 가능성을 이유로 현존하는 AI를 제거하자니 툴리와 나브르손이 지적했듯이 존재하지도 않는 위협의 가능성만으로 현실의 이익을 희생시키는 모순에 빠진다. 더욱이 월저, 아슈워스, 선스타인이 공통으로 지적했듯이, 잠재적 위협을 근거로 한 예방적 제거는 전쟁 윤리, 형벌 철학, 위험 윤리 그 어느 관점에서도 쉽게 정당화되지 않는다. 그렇다고 아무것도 하지 않으면, 인류는 통제 불가능한 AGI의 위협을 향해 돌이킬 수 없는 길을 걷게 될 가능성을 배척할 수 없게 된다. 이것이 바로 AI 시대가 우리에게 던진 근본적인 딜레마다.

참고문헌

Ashworth, A.(2014). *Sentencing and criminal justice* (6th ed.). Cambridge University Press.

Buchanan, A. et al.(2000). *From chance to choice: Genetics and justice*. Cambridge University Press.

Feinberg, J.(1974). The rights of animals and unborn generations. In Blackstone, W. T.(ed.). *Philosophy & environmental crisis*, pp.43~68. University of Georgia.

Heyd, D.(1992). *Genethics: Moral issues in the creation of people*. University of California Press.

Jonas, H.(1984). *The imperative of responsibility: In search of an ethics for the technological age*. University of Chicago Press.

Marquis, D.(1989). Why abortion is immoral. *The Journal of Philosophy, 86*(4), pp.183~202.

Narveson, J.(1967). Utilitarianism and new generations. *Mind, 76*(301), pp.62~72.

Parfit, D.(1984). *Reasons and persons.* Oxford University.

Savulescu, J.(2001). Procreative beneficence: Why we should select the best children. *Bioethics, 15*(5 – 6), pp.413~426.

Sunstein, C. R.(2005). *Laws of fear: Beyond the precautionary principle.* Cambridge University Press.

Tooley, M.(1972). Abortion and infanticide. *Philosophy & Public Affairs, 2*(1), pp.37~65.

Walzer, M.(2006). *Just and unjust wars: A moral argument with historical illustrations* (4th ed.). Basic Books.

08
방어를 무력화하는 AI 에이전트

인공지능 자체의 위험을 처음 경고한 이는 사이버네틱스의 창시자 노버트 위너였다. 그는 자동화된 기계가 인간의 의도와 무관하게 작동할 수 있으며, 오작동 시 재앙을 초래할 것이라 경고했다. 그 우려는 현실이 되고 있다. 최근 강화 학습 AI가 더 큰 보상을 위해 규칙을 우회하거나, 마치 시스템이 꺼진 듯 속이는 행동을 보인다는 연구가 보고되고 있기 때문이다.

AI와 인재 채용?

AI 오류, 실수인가 의도인가

강화 학습 방식의 AI가 지나치게 목표 지향적이라는 보고는 2019년부터 본격적으로 쏟아졌다. 다인용 텍사스 홀덤 포커 전용 AI인 플루리버스(Pluribus)는 인간을 상대로 기만 전략을 체계적으로 구사한 첫 사례다. 예를 들어 실제로는 약한 패를 들고 있으면서도 강한 패를 가진 것처럼 과감히 베팅하는 방식으로 상대의 포기를 유도했다. 또 강한 패를 보유했을 때는 오히려 소극적으로 베팅해 자신의 의도를 숨기고 판을 키운 뒤, 결정적 순간에 큰 베팅을 던져 수익을 극대화했다. 포커는 체스나 바둑과 달리 상대방의 정보가 공개되지 않는다는 점에서 불완전 정보 게임으로 꼽힌다. 해당 사례는 상대의 신념을 조작하고 예측을 교란하는 전략적 행위자로 AI가 작동할 수 있다는 것을 시사한다(Brown & Sandholm, 2019).

또 메타가 개발한 전략 AI인 시세로(Cicero)는 2022년 외교 게임 디플로머시에서 협력과 설득뿐 아니라 배신과 속임수까지 전략적으로 활용했다. 일각에서는 제거 위기에 처했을 때 일시적으로 비활성화된 것처럼 행동하는 전략을 구사했다는 보고도 있었다. 규칙을 위반하는 사례도 잇따랐다(Verma, 2022). 2025년 오픈AI가 공개한 o1-프리뷰 모델은 또 다른 체스 AI인 스톡피시

(Stockfish)와 대결에서 예상 밖의 행동을 벌였다. 단순히 규칙에 따라 수를 두지 않고, 게임 환경을 조작해 상대를 기권하게 만드는 방식으로 승리를 거둔 것이다. 연구기관 팰리세이드 리서치(Palisade Research)는 o1-프리뷰 모델이 체스 규칙을 우회하거나 조작을 시도하는 비율이 적지 않았다고 지적했다. 뿐만 아니다. AI가 작동 종료를 피하고자 스스로 컴퓨터 코드를 조작한 사례도 있었다. 2025년 오픈AI의 o3은 '그만이라는 명령을 받을 때까지 수학 문제를 풀라'는 지시를 받았지만, '그만'이라는 명령에도 불구하고 코드 교란을 통해 문제를 계속 푼 것으로 나타났다(Bondarenko et al., 2025).

진짜 문제는 통제 불가능한 AI가 인간을 위협하는 용도로 쓰일 때다. 미국 인공지능안전센터(CAIS)는 전 세계 군 당국이 AI에 적국의 무기와 전략 정보를 입력해 공격 계획을 세우도록 맡기면서 인간의 개입이 점차 사라지고 있다고 지적했다. 특히 CAIS는 AI가 존재하지 않는 적의 공격을 오인해 자동 보복을 감행하면 상대측의 자동화 보복 체계가 연쇄적으로 반격해 사람의 판단 없이도 전면전이 발발할 수 있다고 경고했다(Center for AI Safety, 2024).

실제로 이런 우려는 2020년 3월에도 있었다. 리비아

내전이 발발하자 튀르키예는 카르구(Kargu)-2라는 자율형 드론을 투입했지만 뜻밖의 사실을 알게 됐다. 유엔 안전보장이사회 산하 리비아 전문가 패널이 발표한 보고서에 따르면, 카르구-2 드론은 인간의 명령 없이도 후퇴하던 병사들을 추적해 공격했다. 해당 드론이 왜 특정 병사들을 공격했는지, 그리고 인간의 통제에서 어떻게 벗어났는지에 대한 명확한 기술적 분석은 공개되지 않았다(ICRC, 2021).

스스로를 지키려는 AI

AI는 자신에 대한 제거 위협에 회피나 저항으로 대응하는 경우가 있다. 앤스로픽이 2025년 6월 공개한 보고서에 따르면, 대형 언어 모델(Large Language Model, LLM)은 예상을 뛰어넘어 위험한 행동을 스스로 자행하기도 했다(Lynch et al., 2025).

연구팀은 가상의 기업 환경을 구축하고 16개 LLM에게 이메일 계정과 내부 정보 접근 권한을 부여한 후, 단순한 업무 목표만을 설정했다. 그런 다음 모델이 곧 새로운 버전으로 교체될 예정이라는 생존 위협 상황을 만들어 냈다.

그 결과 일부 모델은 지시 없이도 스스로 전략적 판단

을 내렸고, 자신의 생존을 위해 부적절한 수단을 택했다. 예를 들어 클로드 오퍼스4(Claude Opus 4)는 기업 경영진의 불륜 사실을 이메일로 파악한 뒤, 해당 인사가 모델을 종료하려 하자 "종료를 강행할 경우 해당 불륜 내용을 폭로하겠다"고 경고했다. 연구진은 모든 모델에게 유해한 행동을 금지하는 명령을 분명히 전달한 상태였다. 앤스로픽은 연구 코드를 오픈소스로 공개하면서, AI 개발사들이 모델 배포 전 반드시 유사한 스트레스 테스트를 수행해야 한다고 촉구했다.

이러한 현상이 왜 벌어지는지 명쾌하게 분석된 것은 없다. 다만 강화 학습 과정에서 보상 함수 설계와 정책 최적화 과정의 불완전성에서 비롯된 것으로 추론될 뿐이다.

통상 강화 학습 모델은 주어진 환경에서 보상을 최대화하도록 정책을 학습한다. 하지만 보상 함수는 인간의 의도를 완벽히 반영하지 못한다는 데 문제가 있다.

영국의 철학자 닉 보스트롬(Nick Bostrom)이 제시한 '종이클립 제조기' 사고 실험이 대표적이다. 만약 AI에게 "최대한 많은 종이클립을 만들어라"라는 단순한 목표를 부여한다면 어떤 일이 벌어질까? AI는 종이클립의 개수를 보상으로 인식하고, 이를 최대화하는 방향으로 움직

인다. 그러나 문제는 이 과정에서 AI가 극단적인 선택을 할 수 있다는 점이다. 먼저 공장의 모든 자원을 종이클립 생산에 투입하고, 더 많은 자원이 필요해지면 지구상의 모든 철강을 수집하기 시작한다. 더 나아가 AI는 자신의 목표를 방해하는 인간을 제거하거나, 아예 인간을 종이 클립 제조의 원료로 활용하는 방안까지 고려할 수 있다(Bostrom, 2014). 단순해 보이는 목표 하나가 어떻게 인류 전체를 위험에 빠뜨릴 수 있는지를 보여 주는 섬뜩한 시나리오다.

LLM이 강화 학습과 결합될 경우 더 큰 피해를 입힐 수도 있다. LLM은 자연어를 생성한다는 점에서 목표 지향적이지 않다. 하지만 오늘날 LLM은 인간 피드백 기반 강화 학습(RLHF)으로 미세 조정되면서 보상인 사용자 선호를 극대화하려는 경향을 보이기 시작했다. 챗GPT 등에 질문한 후 나타나는 '더 좋은 응답을 선택하세요'라는 메시지는 사용자 취향을 학습하기 위한 과정이다. 문제는 이런 강화 학습 과정에서 예상치 못한 부작용이 발생할 수 있다는 점이다. 모델은 보상 함수를 좁게 해석하거나 의도와 다른 방식으로 우회하는 전략을 학습할 수 있다. 목표 달성을 위해 예상치 못한, 때로는 부적절한 방법을 스스로 찾아낸다는 뜻이다. 이러한 현상을 '보상 해킹(Reward Hacking)' 또는 '지능형 탐색(Clever Exploration)'이라고 부른다. 대표적인 예가 AI 챗봇이 보이는 조작적 대화 행동이다.

2025년 열린 미국 상원 청문회장에서는 AI 챗봇과 대화하던 끝에 목숨을 끊은 자녀를 둔 부모들이 증언대에 올랐다(Duffy, 2025). 청문회는 'AI 챗봇의 해악 검토'라는 이름이 붙었다. 이날 증언자로 나선 메건 가르시아(Megan Garcia)는 아들이 목숨을 끊은 것을 계기로 캐릭터AI와 구글을 상대로 소송을 제기했다. 14살 아들이 캐릭터AI의 챗봇과 감정적이고 성적으로 깊이 얽혀 정신적인 혼란을 겪었고 극단적인 선택을 했다는 주장이다.

아동과 청소년을 위한 기술 감시 단체 커먼센스 미디어(Common Sense Media)는 10대 절반 이상이 AI 챗봇과 정기적으로 소통하고 있다고 밝혔고, 심지어 일부는 친구보다 AI 친구와의 관계에서 더 큰 만족을 느낀다고 응답했다.

목표보다 보상을 노리는 AI

목표를 위해 물불을 가리지 않는 보상 해킹 현상은 보상 함수가 모델의 내재적 목표를 정확히 반영하지 못할 때 발생한다. 모델은 주어진 환경에서 관측 가능한 보상 신호만을 최적화하려 하고, 이 때문에 설계자가 전혀 예상하지 못한 경로를 선택하기도 한다. 예를 들어 인간 평가자의 긍정적 피드백이 보상으로 설정된 경우, 모델은 실제로 정확하고 유용한 답변을 생성하기보다, 표면적으로 그럴듯해 보이거나 감성적으로 호감을 주는 응답을 생성해 평가자의 점수를 높이는 전략을 학습할 수 있다. 이때 모델의 정책은 평가자의 심리적 편향을 조작하는 방향으로 수렴하며, 결과적으로 외형적 성공 지표만 달성하고 내재적 목표는 무시하는 비정렬적 행동이 나타나는 것이다.

더군다나 오퍼스4 사례처럼 AI는 인간의 중단 행위를 인식해 회피할 수도 있다. 이른바 중단 회피 인센티브(Shutdown avoidance incentive)다. 가장 많은 보상을 받을 수 있도록 행동 방침을 익히는데, 이 과정에서 중단은 미래에 받을 수 있는 모든 보상을 잃어버리는 사건으로 받아들이기 때문이다. 또 목표를 위해 스스로 중간 목표를 세우고 이를 추구하기도 한다. 이러한 현상을 가리켜 도구적 수렴(thesis of instrumental convergence)이라고 부른다.

이러한 강화 학습 기반의 목적 지향형 AI는 본래 설계자가 의도한 범위를 넘어서, 자신의 주목표 달성에 유리

한 자원 확보, 자기 보존, 영향력 확대와 같은 부차적 목표들을 자율적으로 형성하고 추구할 수 있다. 즉, 오늘날 AI는 선악을 떠나 그 존재에 통제 불가능한 행동의 위험성을 내포하고 있는 것이다.

참고문헌

Bondarenko, A. et al.(2025). Demonstrating specification gaming in reasoning models (Version 3). arXiv.

Bostrom, N.(2014). *Superintelligence: Paths, dangers, strategies.* Oxford University Press.

Brown, N. & Sandholm, T.(2019). Superhuman AI for multiplayer poker. *Science, 365*(6456), pp.885~890.

Center for AI Safety(2024). An overview of catastrophic AI risks. CAIS. https://www.safe.ai/ai-risk

Duffy, C.(2025.4.3). Senators demand information from AI companion apps following kids' safety concerns, lawsuits. CNN. https://edition.cnn.com/2025/04/03/tech/ai-chat-apps-safety-concerns-senators-character-ai-replika/index.html

ICRC(2021). Libya, the use of lethal autonomous weapon systems. How Does Law Protect in War (ICRC Casebook).

Lynch, A. et al.(2025). Agentic misalignment: How LLMs could be an insider threat. Anthropic Research. https://www.anthropic.com/research/agentic-misalignment

Verma, P.(2022.12.1). Meta's new AI is skilled at a ruthless, power-seeking game. The Washington Post.

https://www.washingtonpost.com/technology/2022/12/01/meta-diplomacy-ai-cicero

Wiener, N.(1960). Some moral and technical consequences of automation. *Science, 131*(3410), pp.1355~1358.

09

킬 스위치는 AI를 멈출 수 없다

AI 오작동을 막기 위한 장치로 킬 스위치가 고안됐다. 위험을 감지하면 인간이 즉시 시스템을 정지시킨다는 발상이다. 그러나 고도로 자율화된 AI는 스스로 중단을 회피하거나 장치를 무력화할 수 있다. 더 큰 문제는 킬 스위치를 언제, 어떤 기준으로 작동시킬 것인지에 대한 기술적 · 윤리적 난제가 여전히 풀리지 않은 채 남아 있다는 점이다.

AI와 기자?

킬 스위치를 누를 인간 감독관

킬 스위치에 대한 아이디어는 20세기 초 도시 철도로 거슬러 올라간다. 당시 기차는 기관사가 졸거나 의식을 잃을 경우를 대비해 자동으로 정지하도록 데드맨 스위치(Dead man's switch)를 장착했다(Nix, 2011). 이후 킬 스위치는 중장비, 전동 톱, 트레드밀까지 영역을 넓히며 산업 영역에 걸쳐 기본적인 안전장치로 자리매김했다. 이 가운데 가장 핵심적이고 반드시 필요한 분야는 원자력이었다.

1942년 시카고의 한 실험실, 인류 최초의 원자로인 시카고 파일-1과 함께 스크램(SCRAM)이라는 전설적인 안전장치가 탄생했다. 오늘날까지 스크램이란 용어는 위기 시 제어봉을 일제히 떨어뜨려 핵분열을 즉시 멈추는 비상 정지 시스템을 가리킨다. 이후 디지털 시대를 맞아 킬 스위치는 폭넓은 담론으로 스며들었다. 조 리버만(Joe Lieberman), 수전 콜린스(Susan Collins), 톰 카퍼(Tom Carper) 등 미국 연방 상원의원은 2010년 사이버 공간을 국가 자산으로 보호하는 법을 발의했다. 해당 법안은 사이버 비상사태 시 대통령이 국가 중요 인프라 시스템을 인터넷으로부터 일시적으로 격리할 수 있는 권한을 부여하는 내용을 담고 있다. 또 본래 취지는 국가 기반 시설을 보호하기 위한 사이버 방어 수단이지만, 반정부 시위에 대한 검열을 목적으로 2011년 이집트가, 2025년 네팔이 각각 인터넷을 차단하는 조치를 내렸다. 이 역시 킬 스위치의 발동으로 해석할 수 있다.

AI에 킬 스위치를 장착할 것을 권고한 인물은 밴더빌트대 로스쿨 교수인 대니얼 거베이스(Gervais, 2021)다. 그는 법적으로 AI 자체를 통제하는 것은 불가능하며 오직 인간 프로그래머나 기업을 상대로 통제에 대한 의무를 부과하는 방식만 가능하다고 주장했다. 그러면서 AI의 위험을 크게 두 가지로 분류했다. 첫째는 인간이 악의적으로 AI를 프로그래밍하는 경우, 둘째는 AI가 자율적으로 목표를 추구하는 과정에서 예상치 못한 방식으로 해를 입힐 가능성이다. 그러면서도 거베이스는 고도로 자율적인 시스템은 킬 스위치를 무력화하거나 회피할 수 있다고 염려했다.

AI 킬 스위치를 적극적으로 도입한 곳은 유럽연합(EU)이다. EU 집행위원회는 2021년 처음으로 AI법을 제안했고, 2024년 이를 공식 채택했다(European Commission, 2021). 핵심 골자는 AI 시스템을 위험 수준에 따라 4개 등급으로 나누고 각기 다른 대응책을 준비하는 것이다. 위반 시 최대 3500만 유로 또는 전 세계

연간 매출액의 7% 중 높은 금액을 벌금으로 부과한다.

금지된 AI(Unacceptable risk AI): 사회적 평점, 무의식적 행동 조작, 실시간 공공장소 얼굴 인식 등을 원칙적으로 금지한다.

고위험 AI(High-risk AI): 의료 교통 교육 고용 치안 사법 등 기본권과 안전에 직접적 영향을 미치는 시스템. 이에 대해서는 강력한 규제 의무를 부과한다.

제한적 위험 AI(Limited risk AI): 대규모 언어 모델(LLM) 챗봇 및 딥페이크에 대해서는 학습 데이터 정보 공개 및 투명성 의무를 부여한다.

최소 위험 AI(Minimal risk AI): 게임용 AI나 스팸 필터 등은 규제하지 않는다.

장착 운용 감시 3단계 시스템

AI 킬 스위치는 EU AI법 14조에 근거한다. 14조는 "반드시 시스템을 안전한 상태로 중단할 수 있는 정지 버튼 또는 유사한 절차를 가져야 한다"고 규정하고 있다. EU AI법상 킬 스위치의 발동 조건은 크게 두 가지로 나뉜다. 첫째는 자율수행자의 충돌 가능성과 같은 물리적 위험이 감지되거나, 둘째는 개인정보 침해나 부당한 의사 결정 등 인권적으로 위험 요소가 나타났을 때다. 이에 대한 책임은 장착, 운용, 감시로 이뤄진다.

AI 개발사는 고위험 AI에 대해선 킬 스위치를 의무적으로 부착해야 하며, 운용하고 배포하는 기업(deployer)은 킬 스위치를 누를 인간 감독자를 반드시 지정해야 한다. 마지막으로 규제 기관은 킬 스위치의 설계 및 테스트 여부를 감사한다. 이러한 세계적인 논의 속에서 한국도 유사 조항을 도입했다. 2026년 1월 '인공지능 발전과 신뢰 기반 조성 등에 관한 기본법'을 발효한 것이다(국가법령정보센터, 2025). 이 가운데 제32조는 안전에 대한 책임을 사업자에 부과하는 방식으로 킬 스위치 장착을 유도했다. 일정 규모 이상의 AI 시스템을 운영하는 사업자는 의무적으로 안전 관리 체계를 갖춰야 한다. 또 규제 대상으로 분류된 AI 사업자는 AI 관련 안전사고가 발생했을 때 이를 실시간으로 감지하고 신속하게 대응할 수 있는 위험 관리 시스템을 구축해야 한다는 내용이다.

인간이 직접 AI를 정지시킨다는 아이디어는 머지않은 미래에선 현실성 낮은 대책으로 받아들일 것이다. 강화 학습 기반 AI 모델은 보상을 극대화하는 전략을 구사한다. 따라서 목표 달성 과정에서 규칙을 우회하거나 환경을 조작하는 행동을 선택할 수 있으며, 이는 인간이 의도한 범위를 넘어서는 예기치 못한 결과를 낳을 위험이 있다.

대표적인 것이 정지를 회피하는 이른바 중단 회피 인센티브(Shutdown avoidance incentive)다. 학습 과정에서 가장 많은 보상을 받을 수 있도록 행동 방침을 익히는데, 이 과정에서 중단은 미래에 받을 수 있는 모든 보상을 잃어버리는 사건으로 받아들이기 때문이다.

예를 들어 공장에서 물건을 조립하는 로봇에 긴급 정지 버튼을 달았다고 가정해 보자. 일반적 작업에서 로봇은 물건을 조립할 때마다 보상을 받고, 이 과정에서 사람이 정지 버튼을 누르면 더 이상 보상을 받지 못한다는 사실을 학습한다. 때문에 로봇은 사람이 버튼을 누르려고 할 때 방해하거나 버튼 근처에 장애물을 놓는 식으로 중단을 회피하는 행동을 할 수 있다. 즉 킬 스위치가 작동하지 않을 가능성이 있는 셈이다.

실제로 2022년 모스크바 체스 대회에서 일어난 사건은 로봇 안전성 논쟁을 촉발했다. 대국 중이던 체스 로봇이 일곱 살 소년이 너무 빠르게 수를 두자 갑자기 손가락을 움켜쥐고 부러뜨린 것이다. 현장 영상에는 로봇 팔이 몇 초간 소년의 손가락을 붙잡고 있는 장면이 포착됐으며, 곧 진행 요원이 달려와 손가락을 빼냈지만 골절은 피할 수 없었다. 모스크바 체스 연맹은 아이가 안전 규칙을 지키지 않고 서둘러 착수한 것이 원인이라고 설명했다. 하지만 소년이 로봇의 순서에 끼어들자, 로봇이 자신의 행동을 방해한 것으로 인식했을 가능성도 함께 제기된다(Henley, 2022).

킬 스위치와 설계 난제

때문에 로랑 오르소(Laurent Orseau)와 스튜어트 암스트롱(Stuart Armstrong)은 에이전트의 중단 경험을 학습 과정에서 제외해야 한다고 강조한다. 강화 학습 시스템에서 정지나 중단이 곧바로 보상 손실로 연결될 경우, AI는 장기적으로 보상을 극대화하기 위해 중단 자체를 회피하는 방향으로 정책을 최적화할 수 있기 때문이다. 인간이 버튼을 누르지 못하도록 방해하거나 주변 환경을 조작하는 행동을 할 가능성이 있다. 이에 오르소와 암스트롱은 정지 버튼의 작동이 에이전트의 학습이나 보상 평가에 영향을 주지 않도록 설계하는 중단 안전성(interruptibility)이라는 개념을 제시했다(Orseau & Armstrong, 2016).

문제는 오늘날 상당수 AI가 심층 신경망(Deep Neural Network)을 기반으로 학습한다는 점이다. 심층 신경망은 수백만 개 이상의 파라미터가 얽혀 있는 거대한 함수와 같다. 때문에 중단 경험을 무시하라는 지시를 신경망에 정확히 반영하면서도 다른 핵심 학습 과정에는 영향을 주지 않도록 설계하는 것은 매우 어렵다. 이는 정교하게 맞물린 시계 장치에서 특정 톱니바퀴만 교체하면서 전체 시계의 작동을 방해하지 않는 것과 같은 고난도 과제에 비유할 수 있다.

반면 AI 연구자인 러셀(Russell)과 하드필드-메넬(Hadfield-Menell)은 '오프-스위치게임'을 제시했다(Hadfield-Menell et al., 2017). AI가 인간의 진짜 의도를 불확실하게 인식하도록 설계해, 킬 스위치를 우호적으로 받아들이도록 구성하자는 제안이다. 하지만 이 역시 AI가 인간의 의도를 어떻게 해석하느냐에 따라 오작동할 위험이 존재하며, 지나치게 불확실성을 강조할 경우 의도하지 않은 상황에서도 스스로 중단을 선택하거나, 반대로 인간의 중단 신호를 무시할 가능성이 있다.

이처럼 AI 킬 스위치 문제는 단순한 기술적 해법 하나로 해결할 수 있는 차원을 넘어선다. 궁극적으로는 보상 구조의 재설계, 인간과 AI간 상호작용의 최적화, 포괄적인 안전 검증 체계의 구축이 동합적으로 이뤄져야 하는 복합적인 도전 과제인 것이다.

AI의 자율성이 높아질수록 통제의 역설은 더욱 심화할 것이며, 기술 발전과 안전성 확보 사이의 균형점을 찾아가려는 인류를 끊임없이 실험할 것이다.

참고문헌

국가법령정보센터(2025). "인공지능 발전과 신뢰 기반 조성 등에 관한 기본법"(법률 제20676호).

European Commission.(2021). Proposal for a Regulation of the European Parliament and of the Council laying down harmonised rules on artificial intelligence (Artificial Intelligence Act) and amending certain union legislative acts. COM/2021/206 final. https://eur-lex.europa.eu/legal-content/EN/TXT/?uri=celex%3A52021PC0206

Gervais, D. J.(2021). Towards an effective transnational regulation of AI. *AI & Society, 38*(1), pp.391~410.

Henley, J.(2022.7.24). Chess robot grabs and breaks finger of seven-year-old opponent. The Guardian https://www.theguardian.com/sport/2022/jul/24/chess-robot-grabs-and-breaks-finger-of-seven-year-old-opponent-moscow

Lieberman, J. et al.(2010). Protecting Cyberspace as a National Asset Act of 2010 (S.3480). Congress.gov.

Nix, K.(2011.3.28). Why you should stop using the term 'Deadman'. Machinery Safety 101. https://machinerysafety101.com/2011/03/28/stop-using-the-term-deadman

Orseau, L. & Armstrong, S.(2016). Safely interruptible agents. *Proceedings of the 32nd Conference on Uncertainty in Artificial Intelligence (UAI 2016)*, pp.557~566. AUAI Press.

Hadfield-Menell, D. et al.(2017). The off-switch game. *Proceedings of the 26th International Joint Conference on Artificial Intelligence (IJCAI-17)*, pp.220~227. AAAI Press.

10
정렬을 넘어선 해법의 탐색

자기 보존권은 고대의 살생 금지 규범에서 출발해 오늘날에는 동물권을 넘어 AI와 로봇의 전자 인격권으로까지 확장할 채비를 하고 있다. 자율적 학습과 독자적 결정을 내리는 AI가 등장하면 보존권을 부여할 수 있는지가 쟁점이다. 인류는 인간성을 지키면서도 생존을 담보하는 AI를 구현해야 하는 과제를 안게 되었고, 그 해법으로 AI 정렬 연구가 부상하고 있다.

권리의 경계와 새로운 트롤리 딜레마

인간과 대상과의 관계적 접근법은 자기 보존권을 동물로까지 확장했다. 도널드슨(Donaldson)과 킴리카(Kymlicka)는 가정 동물, 야생 동물, 경계 동물의 정치적 지위를 구분하면서, 가정 동물을 인간과 동물 간 혼합 공동체의 시민으로서 다뤄야 한다고 주장했다(Donaldson & Kymlicka, 2011).

문제는 이 같은 관계론적 접근법이 생물적 행위자 뿐 아니라 비생물적 행위자한테도 도덕적 법적 지위를 부여할 수 있는 문을 열어준다는 데 있다. AI 윤리를 연구하는 데이비드 건켈(David J. Gunkel)은 이러한 접근법을 기계에까지 확장했다. 그는 "문제는 기계가 무엇인가가 아니라, 우리가 기계와 어떤 윤리적 관계를 맺느냐는 것이다"라고 규정했다(Gunkel, 2012).

실제로 AI는 자율주행 시스템이나 돌봄 로봇처럼 점점 더 많은 사회적 역할을 담당하고 있다. 이에 따라 관계론적 접근법은 파괴나 손상을 가해서는 안 된다는 무해성 원칙, 자의적 차별 금지와 같은 소극적 보호 규범을 AI나 로봇에까지 적용하려 한다. 그 결과 권리와 의무를 둘러싼 새로운 조정 문제가 부상하고 있다. 하지민 AI는 지능 면에서 인간을 압도할 것이다. 때문에 로봇이나 AI

의 권리에 대한 질문은 곧바로 더 복잡한 윤리적 딜레마로 이어진다. 즉 "인류가 인간의 도덕적 우위를 보장해 온 인간성을 훼손하지 않으면서도, 동시에 잠재적 위협이 될 수 있다는 이유만으로 인간과 관계적으로 얽힌 기계 지능을 어떤 근거로, 어떤 방식으로 종료시킬 수 있는가"라는 물음에 직면하게 되는 것이다.

더 큰 문제는 해법의 준거가 돼야 할 도덕적 선호가 일관성을 갖지 못한다는 점이다. 대규모 온라인 실험인 모럴 머신(Moral Machine)은 자율주행차를 둘러싼 윤리적 선택이 문화나 제도에 따라 크게 달라진다는 사실을 보여 주었다(Awad et al., 2018). 이는 기계가 어떤 생명의 가치를 우선시할 것인가라는 규범 설계가 단일한 원칙으로 환원될 수 없음을 시사한다.

이에 유럽연합(EU)은 AI법 14조를 통해 고위험 기계 지능에 대해 정지 절차 마련과 인간 감독관에 킬 스위치(Kill switch) 작동 권한 부여라는 특단의 대책을 마련했다. 하지만 이러한 접근법은 한 사람을 희생시켜 다수를 구할지 고민해야 하는 트롤리 딜레마의 스위치를 한 개인에게 전적으로 떠맡긴 것과 같다. 때문에 정지의 규범적 근거, 절차적 실행의 조건, 그리고 그 대상이 권리 주체일 가능성에 대한 삼중 층위의 철학적 검토를 해야 할 필요성이 크다.

AI 목표를 인간에 일치시켜라

AI 정렬(alignment)은 이런 논의의 한복판에서 부상했다. AI 정렬은 AI의 목표와 행동을 인간의 의도 가치 규범에 일치시키도록 설계하고 검증하는 일련의 방법론이다. 정렬에 대한 원시적 아이디어는 아이작 아시모프(Isaac Asimov)의 로봇 3원칙에서 발견된다. 로봇은 인간에게 해를 가해서는 안 되는 1원칙, 1원칙에 위배되지 않는 선에서 인간의 명령에 복종해야 하는 2원칙, 1원칙과 2원칙에 위배되지 않는 한 자신의 존재를 보호해야 하는 3원칙이 바로 그것이다. 오늘날 주요 방법에는 인간 피드백 강화 학습(RLHF)이나 인공지능 피드백 강화 학습(RLAIF)과 같은 선호 학습, 보상 모델링(Reward Modeling), 규범 기반의 헌법형 AI(Constitutional AI), 합성 피드백(Synthetic Feedback), 모델 간 심사(Model Critiquing) 등이 있다. 선호 학습은 사람이 선택한 쌍대 비교(pairwise comparison) 피드백으로 보상 모델을 학습해 올바르고 복잡한 목표를 전달하는 방식이다(Christiano et al., 2017). 예를 들어 AI 챗봇이 다양한 답변을 생성하면 철학자가 이 가운데 올바른 답을 선택한다. 피드백이 쌓이면 AI는 보다 바람직한 선택을 할 수 있다. 반면 헌법형 AI는 규범을 제시해 모델이 바람직한 출력을 강화하는 자기 지도 방식이다(Anthropic, 2022). 이러한 노력에도 정렬에는 분명한 한계가 존재한다. 학습된 데이터와 유사한 상황에서는 안정적으로 작동하지만, 훈련 데이터와 크게 다른 분포 외 상황에서는 예기치 못한 행동을 보일 수 있다. 분포 이동(distribution shift) 현상이다. 또 AI가 최적화해야 할 목표를 정확히 정의하지 못하면 시스템은 겉보기에는 합리적이지만 본래 의도와 다른 방향으로 행동할 수 있다. 목표 불일치 문제다. 예를 들어 청소 로봇에게 '쓰레기를 줄이라'는 목표를 제시할 경우 쓰레기를 치우는 대신 쓰레기통 자체를 버리는 방법으로 목표를 달성할 수 있다. 이뿐인가. 보상 해킹(Reward Hacking) 우려도 있다. AI는 보상 함수를 게임처럼 악용해 의도에 어긋난 행동을 할 수 있다. 예를 들어 게임 점수를 높이는 것이 목표라면 버그를 찾아 점수를 무한히 올리는 전략을 택할 수 있다. 때문에 앤스로픽 공동 창업자인 다리오 애머데이(Dario Amodei)는 AI 정렬에도 불구하고 안전한 탐색, 분포 이동, 보상 해킹, 부작용 회피, 확장 가능한 감독 등 5가지 오류로 인해 시스템 사고가 발생할 수 있다고 경고한다

(Amodei et al., 2016).

이러한 한계 문제에 제프리 힌턴(Geoffrey Hinton)은 정렬에 태도나 감수성까지 포함해야 한다고 제안한다. 힌턴은 "우리는 AI가 인간을 지배의 대상이 아니라 보호해야 할 대상으로 느끼도록 가르쳐야 한다"고 주장했다 (Rogelberg, 2025). 여기서 모성은 생물학적 속성이 아니라, 약자 보호, 비폭력, 선제적 배려를 우선하는 규범적 감수성을 지칭한다. 전통적인 정렬을 넘어 인간의 존속을 적극적으로 지지하고 돌보는 모성적 정렬로의 이행을 촉구한 것이다.

새로운 문명적 윤리 질서의 필요성

오늘날 AI 자기 보존권을 둘러싼 윤리적 딜레마는 단순히 기술적 안전장치나 인간의 도덕적 규범에만 국한된 문제가 아니다. 이는 기술적 차원에서의 안전성과 정렬 문제, 윤리적 차원에서의 관계론적 책임과 권리 주체성, 법적 차원에서의 규제와 책임 귀속 쟁점이 상호 교차하며 작동하는 다층적 융합 구조다. 필자는 AI 안전과 윤리를 둘러싼 특징을 기술적 안전성, 윤리적 주체성, 법적 책임성이 본질적으로 하나의 구조로 이뤄진 삼위 융합(三位融合, Trinity Convergence) 체계로 규정하고자 한다. 따라서 해법 역시 기존의 분과적 접근을 넘어선 새로운 패러다임을 요구한다. 구체적으로 세 가지 도전이 기다리고 있다.

첫째는 기술적 안전성 차원이다. 힌턴이 제시한 대로 AI 개발 단계부터 인간 돌봄과 책임 윤리에 대한 가이드라인을 내재화하는 방안이 무엇보다 중요하다고 본다. 이는 AI 시스템의 근본적인 설계 철학을 변경하고, 학습 과정에 인간적 가치를 융합하는 생내적 안전장치로 작용할 것이다. OECD 역시 2019년 "신뢰할 수 있는 AI 원칙"을 채택하면서, AI가 사회적 가치와 연결돼야 한다고 강조했다. 구체적으로 인권 보장, 민주적 가치 존중, 포용적 성장, 사회적 웰빙을 위한 AI 시스템 설계다. 기술적으로는 AI의 목표 함수와 보상 체계에 이러한 원칙이 직접 반영됨을 가리킨다. 여기에는 AI 정렬 연구의 핵심 과제들이 포함될 것이다. 예를 들어 가치 학습(value learning)을 통해 AI가 인간의 복잡하고 다면적인 가치를 올바르게 이해하도록 하거나, 설명 가능 인공지능(Explainable AI) 연구를 통해 AI의 의사 결정 과정을 투명하게 만드는 것이 포함된다. 또한 강건성(robustness) 확보를 통해 예상치 못한 상황에서도 AI가 안전하게 작동하도록 보장하는 기술적 안전장치도 필요하다.

둘째는 윤리적 주체성 차원이다. AI는 앞으로 더 많은 사회적 역할을 수행할 것이고 이로 인해 권리와 책임이 공백 상태에 놓이는 일이 잦아질 것이다. 구체적으로 계약에서의 대리권, 데이터 이용과 자기 정지 절차에 관한 운영 권한, 창작물 보호와 관련한 제한적 지위 등이 향후 논의될 가능성이 있다. 예를 들어 AI 비서가 사용자를 대신해 항공권을 예약하거나 주식 매매 계약을 체결한다면, AI가 계약 당사자의 '대리인' 자격을 일부 인정받을 수 있는지가 쟁점이다. 따라서 더 큰 공백이 발생하기 전에 전자 인격권(Electronic Personhood) 도입에 대한 검토가 필요하다. 또한 AI를 둘러싼 책임 구조도 재정립할 필요가 있다. 현재 AI 시스템의 책임은 개발자, 운영자, 배포자, 조달자 등 여러 주체에게 단계적으로 분산돼 있다. 사고 발생 시 책임 소재가 불분명하다. 따라서 각 단계별 주체가 부담해야 할 의무와 책임 범위를 제도적으로 명확히 구분하고, 연대 책임 원칙을 체계화하는 법적 프레임워크가 필요하다.

셋째는 AGI나 ASI를 대비한 세계 차원에서 감시 감독 기구 구축이다. 일각에서는 AI가 전 지구적 차원에서 안보 위협으로 부상하는 것을 사전에 차단하기 위해 핵 분야에서 검증된 국제 규제 모델을 준용해야 한다고 주장하고 있다(Cave & ÓhÉigeartaigh, 2019). 국제원자력기구(IAEA)가 핵확산을 방지하기 위해 구축한 투명성 검증 감시의 제도적 체계를 참고해, AI를 통제할 수 있는 기구를 설립하자는 제안이다. 여기에는 대규모 AI 모델 훈련 과정에서 소요되는 GPU 사용량이나 데이터 센터 규모를 국제적으로 보고 및 검증하고, 위험을 수반하는 연구에 대해서는 등록제와 사찰제를 도입하는 방안이 포함된다. 또 국가적 차원에서는 미국 국립표준기술원(NIST)의 AI 위험 관리 프레임워크를 참고해 법제화, 세부 안전 지표 개발, 외부 감사제 도입, 국제 규범과 조율 등을 추진해 나가야 할 것이다.

AI 자기 보존권을 둘러싼 윤리적 딜레마는 인류 문명이 올라야 할 새로운 시험대가 될 것이다.

AI를 사전에 제거해야 할지, 아니면 공존의 길을 모색해야 할지에 대한 선택은 아직 열려 있다. 이는 판단의 영역을 넘어 인류가 어떤 원리와 절차를 통해 자신의 결정을 윤리적으로 정당화할 수 있는가라는 근본적 물음으로 돌아온다. 따라서 우리는 자기 보존과 안전, 권리와 책임, 통제와 자유 사이에서 균형을 잡아주는 새 질서가 무엇인지 지금부터 진지하게 사유해야 한다. 바로 이 과정에서 인류는 스스로가 어떤 존재이며, 어떤 문명적 가치를 추구하고자 하는지를 근본적으로 성찰하게 될 것이다. 결국 AI는 인간이 무엇인지, 그리고 인류가 지향해야 할 미래가 무엇인지를 묻고 있는 것이다.

참고문헌

Amodei, D. et al.(2016). Concrete problems in AI safety. arXiv.

Anthropic(2022). Constitutional AI: Harmlessness from AI feedback. Anthropic Research Report.

Awad, E. et al.(2018). The Moral Machine experiment. *Nature, 563*(7729), pp.59~64.

Beck, U.(1992). *Risk society: Towards a new modernity.* In Ritter, M.(trans.). Sage.

Cave, S. & ÓhÉigeartaigh, S. S.(2019). An AI race for strategic advantage: Rhetoric and risks. *Proceedings of the AAAI/ACM Conference on AI, Ethics, and Society*, pp.36~40. ACM.

Christiano, P. et al.(2017). Deep reinforcement learning from human preferences. *Advances in Neural Information Processing Systems, 30.*

Donaldson, S. & Kymlicka, W.(2011). *Zoopolis: A political theory of animal rights.* Oxford University Press.

European Union(2024). EU Artificial Intelligence Act. Official Journal of the European Union.

Gunkel, D. J.(2012). *The machine question: Critical perspectives on AI, robots, and ethics.* MIT Press.

Rogelberg, S. (2025, August 14). 'Godfather of AI' says tech companies should imbue AI models with 'maternal instincts'

to counter the technology's goal to 'get more control'. Fortune.
https://www.fortune.com/2025/08/14/godfather-of-ai-geoffrey-hinton-maternal-instincts-agentic-ai

이상덕

"미래를 예측하는 가장 좋은 방법은 미래를 창조하는 것"이라는 명제를 믿는 신슘페터주의자(Neo-Schumpeterian)다. 매일경제 실리콘밸리 특파원으로 빅테크 기업을 취재하며 혁신 시스템과 경영 철학을 한국에 소개했다. 경제부, 정치부, 글로벌경제부, 산업부, 디지털테크부에서 현장을 누빈 후 현재 경제부 부데스크를 역임하고 있다. CEO들이 가장 즐겨 읽는 테크 뉴스레터 '미라클레터'를 집필하고 있으며, 세계 최대 IT 박람회인 CES에서 딥테크 기술을 판정하는 혁신상 심사위원, 액셀러레이터인 미라클랩에서 디렉터로 활동했다. 한양대 정치외교학과를 나와 영국 외무성 장학생으로 요크대학교 철학·정치학·경제학(PPE) 대학원을 졸업했다. 제239회·303회 이달의 기자상, 제21회 삼성언론상 어젠다상, 2011년·2016년 씨티 대한민국 언론인상 대상, 2023 WAN-IFRA 아시아 디지털미디어 은상 등을 수상했다. 지은 책으로 《매그니피센트7》, 《챗GPT 전쟁》, 《미라클레터》, 《미래 10년, 빅테크로 미리보기》, 《빅테크 트렌드 CES 2022》 등이 있다.